村中洋介

たばこは悪者か？

ど〜する？ 受動喫煙対策

信山社

は し が き

　皆さんは，たばこに対してどのような感情を持っていますか。

　嫌いな人もいるでしょうし，たばこをこよなく愛するヘビースモーカーの人もいるかもしれません。

　昔は喫煙者に対して，「吸わないでほしい」ということは，勇気がいることであったかもしれません。あらゆる場所で喫煙することができ，職場や路上での喫煙を咎められることはなかったでしょう。しかし，最近では喫煙者が周囲に気を使って「吸ってもいいですか？」と尋ねる，そんな時代になっているのかもしれませんね。

　諸外国の動向もあり，また 2020 東京オリンピックを控え，たばこに対する規制，考え方も変わってきたといえるでしょう。

　最近になって，たばこの規制，受動喫煙対策が行われはじめていますが，喫煙者，非喫煙者双方の感情的な好き嫌いの議論ではなく，どのような対策やどのような規制があるべきなのかを考える，そんな本を目指してこの本を書きました。

　法律や条例などの難しい論点もありますが，皆さんの健康や喫煙者，非喫煙者双方の権利などのために，たばこのあり方を，この本を通じて一緒に考えてみませんか。

　2019 年 8 月

村中　洋介

目　次

はしがき（ⅲ）

Ⅰ　受動喫煙ってなに？ …………………………………………… 3

　1　たばこは身体に悪いものなの？ ………………………… 3
　2　受動喫煙とは？ ……………………………………………… 4
　●受動喫煙規制はグローバルスタンダード？ ………… 6
　3　東京五輪と受動喫煙対策 ………………………………… 7

Ⅱ　たばこの規制は必要なの？ ………………………………… 12

　1　たばこの規制の枠組み ………………………………… 12
　2　日本は国際的な枠組みを守っているの？ ………… 14
　3　日本以外の国にはどのような規制があるの？ …… 21
　4　なぜ，たばこが規制されるの？ ……………………… 24
　●たばこのほかは規制されないの？ ………………… 26

Ⅲ　嫌煙権ってなに？ …………………………………………… 28

　1　きれいな空気を吸う権利？ …………………………… 28
　2　嫌煙権訴訟 ………………………………………………… 28
　3　職場での嫌煙権はあるの？ …………………………… 32
　4　自宅・マンションでの嫌煙権はあるの？ ………… 36

Ⅳ　たばこは絶対悪なの？吸う権利はないの？ ………… 43

　1　喫煙の自由？ ……………………………………………… 43
　2　喫煙は憲法上どのように位置づけられる？ ……… 44

ⅴ

目　次

　　3　たばこは絶対悪？ …………………………………… 48

Ⅴ　たばこを規制する条例にはどんなものがあるの？ …52
　　1　路上喫煙防止条例ってなに？ ……………………… 52
　　2　どんな規制がされているの？ ……………………… 57
　　3　過料ってなに？ ……………………………………… 60
　　4　受動喫煙防止条例ってなに？ ……………………… 63
　　　●東京都受動喫煙防止条例 ………………………… 63
　　　●神奈川県受動喫煙防止条例 ……………………… 65
　　　●兵庫県受動喫煙防止条例 ………………………… 70
　　5　東京都条例，神奈川県条例，兵庫県条例の比較 ……75

Ⅵ　最近の法改正，条例制定は正しいのか？ ……………… 76
　　1　受動喫煙防止の悪いところはないの？ …………… 76
　　2　どんな規制が求められているのだろう？ ………… 78
　　3　路上喫煙の防止が活用できないか？ ……………… 79
　　4　受動喫煙のこれから ………………………………… 82
　　【資料】改正健康増進法における規定の内容および条文 …85
　　　●健康増進法（抜粋）………………………………… 89

たばこは悪者か?

ど〜する? 受動喫煙対策

.

Ⅰ 受動喫煙ってなに？

1 たばこは身体に悪いものなの？

　たばこ・喫煙は，身体に対して悪影響があるものと従来から示されてきました。「たばこ」とは，たばこ事業法2条3号における，「製造たばこ」と基本的には同じものとされ，これは「葉たばこを原料の全部又は一部とし，喫煙用，かみ用又はかぎ用に供し得る状態に製造されたものをいう」とされています。

　ただし，最近では，電子たばこ・加熱式たばこが，受動喫煙規制の中で対象とされることもあり，「たばこ」ということばの意味は，時代とともに変化しているといえるかもしれません。

　たばこには，ニコチンやタールといわれる発がん性物質等をはじめとする化学物質が含まれており，様々な病気のリスクが指摘されています。肺がん，咽頭がん，心筋梗塞や脳卒中，妊娠中の女性であれば胎児への影響などが指摘されるところです[1]。

　こうしたことから，一般にたばこは，健康に対する影響があるものとしてとらえられています。

---

[1]　たばこに関する健康への影響については，厚生労働省第1回たばこの健康影響評価専門委員会資料も参照（https://www.mhlw.go.jp/stf/shingi/2r9852000002zljv.html）。

Ⅰ 受動喫煙ってなに？

2 受動喫煙とは？

たばこは，煙を発生させ，それを人が「吸う」という行為を経て使用されます。このため，たばこそれ自体から発生する煙を「主流煙」，たばこの煙を人が吸い吐き出した煙を「副流煙」といいますが，「受動喫煙」とは，この主流煙や副流煙を非喫煙者が吸い込むことをいいます。

喫煙していない人でも，喫煙者が周りにいる場合には，その煙を意図せずに吸ってしまうことがあるでしょう。これが，受動喫煙といわれるものです[2]。

受動喫煙は英語で Second-hand Smoke などと表現されますが，近年，Third-hand Smoke（三次的喫煙）の問題も指摘されています。三次的喫煙は，これまでの受動喫煙のたばこに起因する直接の煙を吸うことによる影響に加えて，たばこの煙が消えた後に（たばこ）煙に含まれる有害物質が，喫煙者の髪の毛，衣服，居室内のカーテンやソファなどに付着し，それを汚染源として間接的に第三者がたばこの有害物質の影響を受けるものとされます[3]。このため，三次的喫煙対策では，喫煙者と非喫煙者を完全に分離することが求められることになります。

---

[2] 受動喫煙と同意義で用いられているものとして，環境たばこ煙（environmental tobacco smoke），不随意喫煙（involuntary smoking），強制喫煙（compulsory smoking）があります。

[3] Jonathan P. Winickoff, Joan Friebely, Susanne E. Tanski, Cheryl Sherrod, Georg E. Matt, Melbourne F. Hovell, Robert C. McMillen, *Beliefs About the Health Effects of "Thirdhand" Smoke and Home Smoking Bans, Pediatrics* Vol. 123（2009）.

2　受動喫煙とは？

　子どもが利用する（あらゆる）空間などでの喫煙の規制がな
されることがありますが，三次的喫煙対策としては，当然のこ
とといえるでしょう。

　たばこには，一定の害悪があることが示されてきましたが，
受動喫煙についての，健康被害のおそれが示されたのは，1981
年の平山論文[4]を嚆矢とします。そして，その後の調査・報告
においても，受動喫煙に健康リスクが存在することが示されて
きています。

　「The Health Consequences of Involuntary Exposure to
Tobacco Smoke: A Report of the Surgeon General（たばこ煙
への不随意曝露の健康影響：公衆衛生総監報告書）2006」では，
受動喫煙について次のような指摘がなされています（厚生労働
省第7回たばこの健康影響評価専門委員会　資料2参照）。

・受動喫煙は深刻な健康被害をもたらす
・受動喫煙は危険である
・受動喫煙に安全なレベル（閾値）は存在しない
・数百万人の非喫煙者（米国人）が受動喫煙に曝露されている
・すべての人が受動喫煙に曝露されない権利を有する
・無煙の環境を作ることが必要
・小児科医は子ども達を自宅での受動喫煙から守るために，家
　庭環境の無煙化を進めねばならない（気管支喘息，乳幼児突
　然死症候群の観点）

---

(4)　Hirayama T., *Nonsmoking wives of heavy smokers have a higher
　　risk of lung cancer: a study from Japan*, BMJ Vol. 282(1981).

5

[1] 受動喫煙ってなに？

● 受動喫煙規制はグローバルスタンダード？

受動喫煙についての健康リスクの存在から，WHOでは，2003年の第56回総会において「たばこの規制に関する世界保健機関枠組条約（WHO Framework Convention on Tobacco Control ――WHOFCTC）」（以下「たばこ規制条約」と記します。）が採択され，受動喫煙をはじめとして各国に規制を求めています。

2007年に発表されたWHO policy recommendations "Protection from exposure to second-hand tobacco smoke"[5]では，「受動喫煙は深刻な健康障害を引き起こす」ものであり，「喫煙室や空気清浄器の使用では受動喫煙を防止することはできない」として，2010年2月27日までに建物内を完全禁煙とする禁煙法・受動喫煙防止法の制定を締結国に求めました[6]。

後（Ⅱ）に触れますが，この条約に基づいて，各国でのたばこ規制がなされることになり，わが国でも規制がなされることとなります。

受動喫煙について，わが国では，この定義を「人が他人の喫煙によりたばこから発生した煙にさらされることをいう。」（健康増進法25条の4第3項など）としています。こうした，受動喫煙対策が講じられるようになったのは，それほど昔のことではありません。

---

(5) https://www.who.int/tobacco/resources/publications/en/。

(6) 飯田真美「【第11回禁煙推進セミナー】〈受動喫煙防止条例を全国で実施するには〉1. 世界の受動喫煙防止条例の現状とFCTC」日本循環器学会専門医誌 循環器専門医20巻2号（2012年）351頁。

国として，受動喫煙対策が講じられることとなったのは，2002年7月26日に健康増進法（平成14年法律第103号）が成立し，同法（旧）25条において，受動喫煙の防止についての規定が設けられたことにはじまります。

しかしながら，当初この法律では，施設の管理者等が，受動喫煙防止の措置を講じることを求めるにとどまり，国や地方公共団体といった行政が積極的に対策を講じ，求めるというものではありませんでした。

そうしたことから，わが国として統一的な受動喫煙対策というものは，近年に至るまで講じられてきませんでしたが，後（Ⅴ）に触れるように，各地方公共団体が条例を制定し，路上喫煙対策，受動喫煙対策を講じることとなります。

3　東京五輪と受動喫煙対策

2020年東京五輪を前に，国などは，受動喫煙対策について本格的な議論をはじめています。前にも述べましたが，わが国の受動喫煙対策は，健康増進法において施設管理者に対する受動喫煙防止の努力義務を規定して以降，画期的な対策が採られてきたわけではありません。

外国人観光客の増加や国際的な行事の開催を控えて，受動喫煙対策への動きが加速しており，2019年7月からは，改正健康増進法が一部施行されています。

Ⅰ　受動喫煙ってなに？

健康増進法の施行時期

2019年			2020年	
	7月	9月 (ラグビーW杯)	4月	7月 (東京オリパラ)
1/24　一部施行①(喫煙する際の周囲の状況への配慮義務)				
	7/1　一部施行②(学校・病院・児童福祉施設等、行政機関) 原則敷地内禁煙			
			4/1　全面施行(上記以外の施設等) 原則屋内禁煙	

（https://jyudokitsuen.mhlw.go.jp/）

　健康増進法は，（旧）25条で「学校，体育館，病院，劇場，観覧場，集会場，展示場，百貨店，事務所，官公庁施設，飲食店その他の多数の者が利用する施設を管理する者は，これらを利用する者について，受動喫煙（室内又はこれに準ずる環境において，他人のたばこの煙を吸わされることをいう。）を防止するために必要な措置を講ずるように努めなければならない。」と規定し，受動喫煙の防止の必要性を認め，多数の人が利用する施設については，受動喫煙のための措置を講じることとしていました。

　ここでは，受動喫煙対策が必要とされる施設として，学校，病院，官公庁等が明示されていますが，この他に条文中「その他の多数の者が利用する施設」として厚生労働省通知に記されているものは，「鉄軌道駅，バスターミナル，航空旅客ターミナル，旅客船ターミナル，金融機関，美術館，博物館，社会福祉施設，商店，ホテル，旅館等の宿泊施設，屋外競技場，遊技

3 東京五輪と受動喫煙対策

場，娯楽施設等多数の者が利用する施設を含むもの」に，鉄軌道車両，バス，タクシー，航空機および旅客船を加えたものとされています[7]。

つまり，多くの人が利用する施設や乗り物が受動喫煙対策の対象とされているわけです。

また，受動喫煙防止のための措置の方法については，①多数の人が利用する公共的な空間については，原則として全面禁煙とし，少なくとも官公庁や医療施設においては，全面禁煙とすることが望ましいこと，②全面禁煙が極めて困難である場合には，施設管理者に対して，当面の間，喫煙可能区域を設定する等の分煙の措置を講じることを求めています[8]。

健康増進法は，2018 年に東京五輪に向けて受動喫煙対策に関する改正が行われ，ここでは，「国及び地方公共団体は，望まない受動喫煙が生じないよう，受動喫煙に関する知識の普及，受動喫煙の防止に関する意識の啓発，受動喫煙の防止に必要な環境の整備その他の受動喫煙を防止するための措置を総合的かつ効果的に推進するよう努めなければならない。」（25条）として，国，地方公共団体の努力義務を定め，「何人も，喫煙をする際，望まない受動喫煙を生じさせることがないよう周囲の状況に配慮しなければならない。」（25条の3第1項）として，喫煙者の配慮義務等が設けられています（前に述べた従来の各施

---

(7)　平成 22 年 2 月 25 日健発 0225 第 2 号通知「受動喫煙防止対策について」。

(8)　同上通知。

Ⅰ 受動喫煙ってなに？

設の受動喫煙対策については，25条の5に定められています）。

　このような中で，たばこを吸わない人によっては，きれいな空気を吸うことのできる環境が整備されてきているようにもみえますが，あるべき受動喫煙対策はどのようなものでしょうか。喫煙者，非喫煙者の権利についても学びながら考えてみましょう。

3 東京五輪と受動喫煙対策

(https://www.mhlw.go.jp/stf/seisakunitsuite/bunya/0000189195.html)

Ⅱ たばこの規制は必要なの？

1 たばこの規制の枠組み

　たばこの規制については，前に述べた「たばこ規制条約」を中心に行われています。たばこ規制条約は，2019年7月1日現在，181か国が批准し，168か国が署名しており，多くの国で，たばこ規制条約に基づく規制が行われています。

　中でも受動喫煙対策については，たばこ規制条約の8条において，規定が設けられています。

　ここでは，（たばこの煙にさらされることからの保護）「1　締約国は，たばこの煙にさらされることが死亡，疾病及び障害を引き起こすことが科学的証拠により明白に証明されていることを認識する。

　2　締約国は，屋内の職場，公共の輸送機関，屋内の公共の場所及び適当な場合には他の公共の場所におけるたばこの煙にさらされることからの保護を定める効果的な立法上，執行上，行政上又は他の措置を国内法によって決定された既存の国の権限の範囲内で採択し及び実施し，並びに権限のある他の当局による当該措置の採択及び実施を積極的に促進する。」と規定されて，条約批准国に対して，受動喫煙の防止に係る立法その他の措置をとるよう求めています。

　わが国では，たばこ規制条約について，2004年5月19日に国会による承認を経て，2005年2月に公布および告示，発効していますが，2018年の健康増進法改正までの間は，受動喫煙について国としての具体的な取組みがなされていませんでし

12

た。

　たばこ規制条約は，たばこの消費やそれによる周囲への効果等が健康に及ぼす悪影響から，現在および将来の世代を保護することを目的としています。この目的の達成のために，①需要の減少のための課税や価格調整（6条），②受動喫煙の防止（8条），③包装，ラベルにおいて健康への悪影響を正確に伝達すること（11条），④教育，情報伝達，啓発（12条）などがたばこ規制条約に定められています。

　また，たばこ規制条約ガイドラインでは，受動喫煙防止について，7つの原則が定められています。
　ここで，7つの原則とは，
①　100％無煙空間を作るための措置を講じること
②　屋内の職場と屋内の公共の場は禁煙とすること
③　強制力を持つ立法により禁煙の措置を講じること
④　禁煙法の施行のために十分な企画と資源が必要となること
⑤　市民に法律や計画の策定に積極的に参加を促すこと
⑥　禁煙に関する法の実施については記録，評価等を行うこと
⑦　新しい科学的証拠等を反映し必要に応じて措置の拡大を行うこと
が挙げられています。
　こうした原則は，すべての屋内の公共の場，すべての屋内の職場，すべての公共輸送機関，およびその他の公共の場がたば

こによる煙にさらされないようにすることによって，すべての人に普遍的な保護を与えるとする，たばこ規制条約の趣旨を表すものとされます。

　最近では，2015年7月7日に「REPORT ON THE GLOBAL TABACCO EPIDEMIC, 2015」が発表され，たばこの抑制とたばこによる死者の増加の防止のために，たばこの販売価格の75％相当を税とするように提言がなされています。

　このような規制枠組みが国際社会において構築される中で，わが国や諸外国が，たばこに関してどのような規制を行っているかみておきましょう。

2　日本は国際的な枠組みを守っているの？

　わが国は，たばこ規制条約を批准しており，この条約に基づく国内法の整備が求められてきています。

　前にも述べましたが，健康増進法が2002年に制定されてから，たばこ規制条約8条により求められる受動喫煙対策について規定が存在することとなりましたが，2018年の法改正までの間は国が中心に行う具体的施策はありませんでした。

　一方で，たばこ規制条約は，受動喫煙対策のみを求めているわけではありません。

　たばこ規制条約11条では，たばこの包装・ラベルや広告に対する規制も求められています。これを受けて，2004年3月には，「製造たばこに係る広告を行う際の指針」が改正され，2004年4月以降テレビ，ラジオ，インターネット等によるた

2　日本は国際的な枠組みを守っているの？

ばこの広告が原則禁止とされ，2005年7月以降のたばこパッケージの注意文言表示が義務づけられています。

この点は，2019年6月の改正により，2020年4月以降，パッケージの注意文言表示が大きくなる予定です。

若い世代の皆さんは，たばこの広告を目にすることも少なかったでしょうし，たばこのパッケージに健康リスクの注意書きがなされていることが当たり前だと思っている人も多くいるかもしれません。

メビウス15銘柄限定パッケージ
(https://www.nikkei.com/article/DGXLRSP453819_Z00C17A8000000/)

このように，現在ではパッケージの下半分は，注意書きがなされるようになっています。しかしながら，わが国におけるこうしたパッケージの注意書きは，諸外国の例に比べると，衝撃的なものではありません。外国のパッケージを見ると，それを持つことさえも躊躇するような衝撃的な画像が掲示されている例も多くありますが，そうしたパッケージの趣旨が単なる注意喚起であるとすれば，わが国のような注意書きでも十分かもしれません。

15

Ⅱ　たばこの規制は必要なの？

　それに加えて，2008年7月からは，TASPOが全国で導入され，未成年者によるたばこ自動販売機の利用防止対策も行われています。

TASPOの例

(https://www.taspo.jp/taspo/Outline.html)

　このほか，たばこ規制条約では，たばこの需要を低くするために，たばこの価格調整・たばこに付加する税の導入を各国に求めています。

　わが国でも，「たばこ税」が導入されており，近年も4年に一度のペースで，たばこ税の増税がなされています。

　そして，成人の喫煙率[9]は，健康増進法制定直後の2003年では男性46.8%，女性11.3%，総数27.7%であったのに対して，2016年では男性30.2%，女性8.2%，総数18.3%にまで低下しています[10]。

---

(9) 厚生労働省国民健康・栄養調査において，成人で現在習慣的に喫煙している者：これまで合計100本以上または6ヶ月以上たばこを吸っている（吸っていた）者のうち，「この1ヶ月間に毎日又は時々たばこを吸っている」と回答した者の割合。
(10) 厚生労働省『平成28年国民健康・栄養調査結果の概要』28頁。

2 日本は国際的な枠組みを守っているの？

たばこ1箱あたりの税額

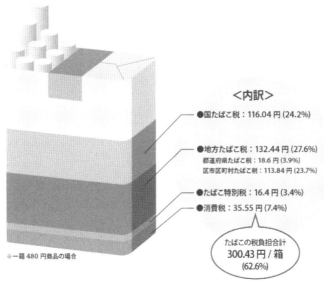

(https://www.jti.co.jp/tobacco/knowledge/tax/index.html)

　喫煙率が低下していることから，たばこの販売数は減少していますが，たばこ税が増税されていることもあり，たばこ税による税収は一定額を維持して推移しています。このため，たばこの規制とは裏腹に，たばこ税は，国にとっては重要な財源の一つになっているといえるでしょう。

　ただし，たばこ税の増税によって，わが国のたばこ価格における税の割合は高くなっているものの，たばこの価格自体については，諸外国に比べると低い状況にあることが知られています。

Ⅱ　たばこの規制は必要なの？

たばこ税収に関する財務省資料

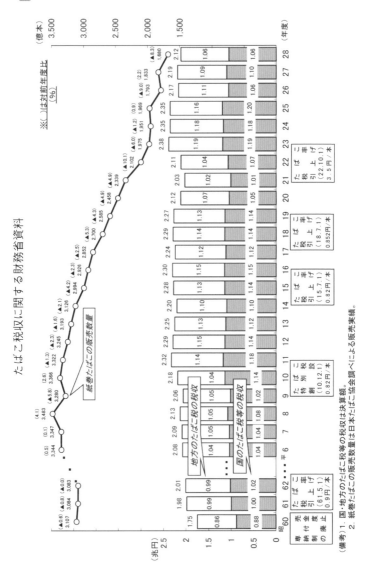

（https://www.mof.go.jp/tax_policy/summary/consumption/d09.htm）

2 日本は国際的な枠組みを守っているの？

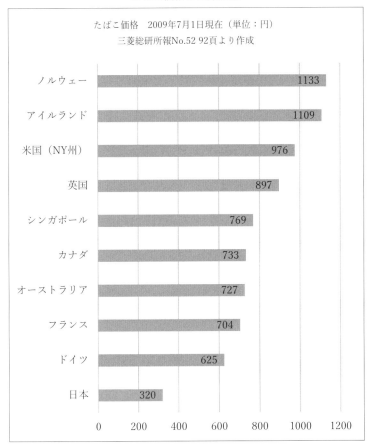

たばこ価格の国際比較

Ⅱ　たばこの規制は必要なの？

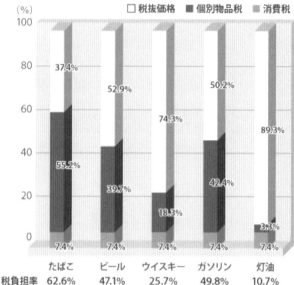

嗜好品等の価格に占める税の割合

（単位：円）

たばこ	ビール	ウイスキー	ガソリン	灯油
480	1,163	1,417	132	1,529

出典：総務省「小売物価統計調査」（東京都区部、2017年平均）

（注1）たばこ：メビウス（20本入り/箱）
（注2）ビール：缶入り（350ml×6缶）
（注3）ウイスキー：瓶入り（700ml）
（注4）ガソリン：レギュラー（1L）
（注5）灯油：缶入り（18L）
　（https://www.jti.co.jp/tobacco/knowledge/tax/index.html）

こうしてみてみると，わが国のたばこ規制は，税金やパッケージの注意書き等の面でもたばこ規制条約に基づいた一定の取組みがなされているといえるでしょう。しかしながら，国としての受動喫煙対策は始まったばかりで，各国の取組みに比べると比較的遅い対応となっています。

次に，各国の取組みについて確認し，これを参考としながら，わが国のたばこ規制，受動喫煙対策について考えてみましょう。

3　日本以外の国にはどのような規制があるの？

諸外国においても，たばこ規制条約を批准している国では，受動喫煙対策をはじめ，たばこの価格調整や広告規制が行われています。

ここでは，特に受動喫煙対策について中心に見ておきましょう。

「Global Smokefree Partnership Status Report on Article 8」(2010 年) によれば，世界 60 か国以上の国において国内すべてまたは地域内すべての公共の場における厳格な喫煙規制に関する措置が法制化されています。わが国では，2018 年の健康増進法の改正によって具体的施策が盛り込まれましたが（2020 年全面施行），この調査当時には，十分な規制が行われていたとはいえないでしょう。

Ⅱ　たばこの規制は必要なの？

受動喫煙対策導入の国際比較

2018年WHO調査	国の受動喫煙防止法	政府施設の禁煙	自家用車内禁煙	バーなどの禁煙	ナイトクラブの禁煙
オーストラリア	○	○	部分的	○	○
オーストリア	○	部分的	×	部分的	部分的
ブラジル	○	○	○	○	○
カナダ	○	○	部分的	○	○
中国	×	部分的	×	部分的	部分的
北朝鮮	○	○	×	○	―
デンマーク	○	部分的	×	部分的	部分的
エジプト	○	×	×	×	×
フランス	○	○	部分的	部分的	部分的
ドイツ	○	○	×	部分的	部分的
イタリア	○	部分的	○	部分的	部分的
日本	―	―	―	―	―
ニュージーランド	○	○	×	○	○
パプアニューギニア	○	○	部分的	○	部分的
ポルトガル	○	○	×	部分的	部分的
韓国	○	○	×	部分的	×
シンガポール	○	○	部分的	部分的	部分的
南アフリカ	○	部分的	部分的	部分的	部分的
スペイン	○	○	×	○	○
スウェーデン	○	部分的	×	部分的	部分的
イギリス	○	○	部分的	○	○

https://untobaccocontrol.org/impldb/article-8/ から作成

　この表は，たばこ規制条約批准国の規制状況に関する 2018年調査から，一部の国を抜粋したものです。

　多くの国で，国が中心となった受動喫煙防止法が制定されていることがわかります。また，政府機関における全面禁煙も多くの国で実施されているほか，自家用車内やバー，ナイトクラ

ブ等での禁煙が実施されている国もあることがわかります。

この調査からもわかるように、受動喫煙対策が実施されている国は、決して先進諸国に限られるわけではありません。むしろ、わが国を含め先進諸国の方が対策に遅れが生じていることがあるかもしれません。

近時、アメリカにおける電子たばこの規制など(11)、たばこ規制は新たな局面に突入しています。わが国でも、条例によって電子たばこを規制する動きがありますが、少数に限られています。

アメリカ各州における職場、バー、レストランの完全な受動喫煙防止の実施状況
Statewide comprehensive smoke-free air laws – United States, December 31, 2015

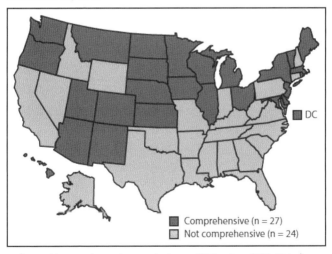

(https://www.cdc.gov/mmwr/volumes/65/wr/mm6524a4.htm)
※カリフォルニア州は、2017年より全面禁煙化

---

(11) 電子たばこの規制については、田中謙「電子タバコ・無煙タバ

Ⅱ　たばこの規制は必要なの？

　アメリカでは，各州によって取組みが異なりますが，多くの州で完全禁煙化が進んでいます。

4　なぜ，たばこが規制されるの？

　ここまで国際的な規制やわが国の規制などについてみてきましたが，そもそもなぜ「たばこ」が規制されるのでしょう。

　たばこには，発がん性物質などの化学物質が含まれ，健康に害があることが知られることは前にも述べてきました[12]。

　喫煙者の寿命は，非喫煙者に比べて約10年縮まるといわれています。このため，たばこ規制・対策は，国民の「健康問題」として扱われ，規制を行うことによって，国民の健康を維持する狙いがあるといえます。

　しかし，健康に関わるものは，決してたばこに限られるわけではありません。

　コ規制の法システムと今後の法制的課題」関西大学法学論集66巻1号（2016年）1頁以下参照。アメリカにおける規制については，井樋三枝子「アメリカにおける電子たばこ規制」外国の立法262号（2014年）176頁以下も参照。

　　BBCニュースによると，2019年6月25日にサンフランシスコ議会では電子たばこの販売を禁止する条例が可決されました。

(12)　「たばこは，肺がんをはじめとして喉頭がん，口腔・咽頭がん，食道がん，胃がん，膀胱がん，腎盂・尿管がん，膵がんなど多くのがんや，虚血性心疾患，脳血管疾患，慢性閉塞性肺疾患，歯周疾患など多くの疾患，低出生体重児や流・早産など妊娠に関連した異常の危険因子である」。厚生労働省ホームページ（https://www.mhlw.go.jp/www1/topics/kenko21_11/b4.html#A41)。

4　なぜ，たばこが規制されるの？

　たばこについては，がんのリスクも下表のように，非喫煙者に比べて相当程度に高まることが示されており，医療費の問題も含めて大きな課題となっているといえます。

たばこによるがんのリスク

	男性		女性	
肺がん	4.5	22.4	2.3	11.9
喉頭がん	32.5	10.5	3.3	17.8
口腔がん・咽頭がん	3	27.5	1.1	5.6
食道がん	2.2	7.6	1.8	10.3
胃がん	1.5	—	1.2	—
肝がん	1.5	—	1.7	—
腎がん	—	3	—	1.4
膵臓がん	1.6	2.1	1.4	2.3
膀胱がん	1.6	2.9	2.3	2.6
子宮頸部がん	—	—	1.6	1.4

※数字は，非喫煙者を1とした喫煙者の相対危険度
左は，平山らの調査（1966-1982）
右は，アメリカがん協会の調査（1982-1986）
（https://www.mhlw.go.jp/www1/topics/kenko21_11/pdf/b4.pdf）
4-11より作成

Ⅱ　たばこの規制は必要なの？

● たばこのほかは規制されないの？

　たばこが，健康に対して悪影響を及ぼすことから，他の嗜好品（酒など）に比べると，規制をしやすいという背景もあるかもしれません。

　しかし，これが受動喫煙のように，喫煙者本人の健康被害ではなく，周りの人へ健康に影響する場合には，規制が必要かもしれませんが，たばこを規制して喫煙者本人の健康増進を図る必要があるのでしょうか。

　このような考えに基づくと，たばこによって健康を害したとしても，自己責任であるというような論調が生まれることになります。

　その一方で，わが国では，たばこを吸うことが禁止されているわけではなく，吸う・吸わないという行為は，基本的には国民の自由に委ねられているのです。

　はたして，たばこを吸うことは，悪いことなのでしょうか。たばこを吸う自由（権利）が認められないかということも含めて，考えてみましょう。

　たばこだけではなく，健康に影響するものについて税を課すという政策を実施している国もあります。

　2011 年にデンマークでは，「脂肪税（fat tax）」が導入されました。ここでは，一定以上の飽和脂肪酸を含む食品を対象に課税をし，バター，牛乳，肉類などがその対象となります。

　デンマークでは，「健康に悪影響を与える食品による財源確

保」という財政改革が行われることになり，課税に至りました。

脂肪税導入による影響

食品	100g当たり飽和脂肪酸量	パッケージサイズ	価格 (DKK)	税額 (DKK)	新価格 (DKK)	価格上昇率 %
バター	51.8	250g	15.5	2.1	18.1	16.7
オリーブオイル	13.0	1L	39.0	2.1	41.6	6.7
チーズ（脂肪45%）	16.7	500g	34.4	1.3	36.1	4.9
豚肉脂肪	41.5	500g	12.0	3.3	16.1	34.7
豚ミンチ、15%脂肪	8.5	1,000g	37.9	1.0	39.2	3.4
牛肉（あばら肉）	5.2	1,000g	199.9	0.8	200.9	0.5
鶏	2.5	1,000g	20.4	0.4	20.8	2.5

資料：デンマーク財務省

独立行政法人農畜産業振興機構（https://www.alic.go.jp/chosa-c/joho01_000537.html）

　健康への影響するものへの規制が行われることになると，たばこ以外にも，私たちが日ごろ口にしているマヨネーズや塩，ハンバーガーやフライドポテト，コーラなど食品を中心に，近い将来規制が行われることになるかもしれませんね。

Ⅲ 嫌煙権ってなに？

1 きれいな空気を吸う権利？

私たちには，「煙による汚染のない良好な空気を吸う権利」つまり，きれいな空気を吸う権利があるはずだ，そうした立場から，「嫌煙権」といった考え方がなされています。

嫌煙権ということばは，1978 年に「嫌煙権確立をめざす人びとの会」が設立されたことについての報道によって認知されるようになったといわれています。

この団体によると，「たばこの煙によって汚染されていないきれいな空気を吸う権利」，「穏やかではあってもはっきりとたばこの煙が不快であると言う権利」，「公共の場所での喫煙の制限を求めるため社会に働きかける権利」の 3 つの嫌煙権が存在するとされました。

この嫌煙権は，非喫煙者の健康を守るための主張ととらえられ，今日においては，受動喫煙対策の背景に存在するものとされています。

2 嫌煙権訴訟

嫌煙権については，前に述べたきれいな空気を吸う権利などを求めて訴訟が提起されたことがあります。これが嫌煙権訴訟として有名な「旧国鉄禁煙車両設置等請求訴訟」[13]です。

---

(13) 東京地方裁判所昭和 62 年 3 月 27 日判決・判例時報 1226 号 33 頁。

2　嫌煙権訴訟

　この事件は，国鉄利用者であった市民（原告14名）が，国鉄が禁煙についての適切な措置を講じていなかったために，健康上の被害等を受けたとして国鉄，国（国鉄に対する監督責任），旧専売公社（現 JT）を被告として提訴したものです。

　原告は，国鉄旅客車両の半数以上の禁煙化および健康被害に対して国鉄などに賠償を求めました。

　東京地方裁判所は，車両禁煙化の請求について，「たばこの煙に曝されると健康を害し，何等かの病気にかかる危険が増加するとすれば，それは……人格権に対する侵害にほかならない」，としながらも，その侵害の差止め，侵害に対する措置の請求に関しては，「その請求者がその侵害を受けることもあり得るという抽象的な可能性があるだけでは足りず，現実にその侵害を受ける危険がある場合であることを要する」として，国鉄が交通手段として唯一のものではないことから，たばこの煙による被害を受けることを回避することが困難であるとはいえないとしました。

　その上で，たばこによる喫煙者の周囲の人への影響は眼への刺激等一過性の害や不快感を受けることはあるものの，受動喫煙によって，そうした影響を超える程度の健康被害が生じることは明らかでないことや，わが国が伝統的に喫煙に対して寛容的であるであること，そうした認識の下で，「いついかなる場合に喫煙を差し控えるべきかの判断は，多くの場合において，依然として喫煙者のモラルとその自主的な判断に委ねられて」いる実情等を理由として，請求を退けました。

Ⅲ　嫌煙権ってなに？

　当時は，受動喫煙に対する健康被害について今日の疫学的な調査結果が十分になされていたとはいえず，またわが国の喫煙に対する寛容さも相まって，このような判断がなされたものということもできるでしょう。

　また，賠償について，国鉄は，「乗客を安全に目的地に輸送する義務があるから，運送契約に基づく安全配慮義務として，乗客に影響を及ぼす事故発生を防止するとともに，乗車中に乗客の健康が損なわれないように配慮すべき注意義務を負っているものということができるが，乗客が車内において喫煙者のたばこの煙に曝露されることにより，一過性の刺激ないし不快感を受けることはあるが，それが明らかに健康上の被害の程度に至るものであるとまでは認め難く」，このことは，「現在の社会的意識のもとにおいては，未だ受忍限度の範囲内にある」のであって，国鉄には，受動喫煙防止について高度の安全配慮義務があるとはいえないとして，賠償請求についても訴えを退けました。

　この訴訟で裁判所は，たばこの煙によって周囲の人が受ける健康に対する影響について，一過性の刺激や不快感にとどまることから，受忍限度を超えるものではないとしています。

　確かに受動喫煙による健康への害悪が確立する以前には，受動喫煙による影響は，不快感として，非喫煙者側が受忍すべきという風土があったといえるかもしれません。
　しかし，現在では，この当時とは逆に，喫煙者に対して，人

前での喫煙が禁止されることを受忍すべきというような状況となっているともいえるでしょう。

　嫌煙権訴訟においては，「たばこの煙に曝されると健康を害し，何等かの病気にかかる危険が増加するとすれば，それは……人格権に対する侵害にほかならない」。「たばこの煙に曝露されることによって……一過性の刺激又は不快感を生じることのほかは，特定の疾病に患る可能性が増大する等能動喫煙の影響に類する作用が非喫煙者に及ぶ危険性があることを全く否定できなとしても，……受動喫煙がその危険を伴うのかについての的確な判断を可能にするだけの証拠資料は存在しない」との判断も示されています。

　この判断からすると，受動喫煙によって受ける影響について一定の科学的な証明がなされる場合は，受動喫煙の防止，排除を人格権の侵害を理由として求めることができる可能性を示唆しているといえるでしょう。

　ただし，現実の侵害としての健康被害が，将来に発生する可能性が増大するということをもって，直ちに人権侵害となることは否定されています。また，健康被害が生じたとしても，現在の受動喫煙によるものなのか，過去の受動喫煙によるものなのか，または遺伝性のものなのかなど，健康被害と受動喫煙の因果関係を明確にすることは困難といえるでしょう。

Ⅲ 嫌煙権ってなに？

3 職場での嫌煙権はあるの？

　職場における受動喫煙は，今日，各施設における受動喫煙対策によって，敷地内禁煙とされる場所もあり，そうした施設では，十分な対策が取られているかもしれません。

　私の勤務先も「大学」ですので，現在は敷地内全面禁煙の措置が取られることとなっており，職場内でたばこの煙にさらされる環境にはありません。

　しかし，職場によっては，現在でも喫煙できる環境のある職場や喫煙室などがあるものの居室等と完全に分離されておらず，煙に曝される環境のある職場もあるかもしれません。

　平成 29 年労働安全衛生調査によれば[14]，「職場で他の人のたばこの煙を吸引することがあるとする労働者の割合は，「ほとんど毎日ある」の 13.5％，「ときどきある」の 23.8％を合わせて 37.3％となっている」とされており，現在でもなお，4 割近くの労働者が受動喫煙の影響を受けている状況にあるといえます。

　また，この受動喫煙の影響を受けている労働者の中の約 4 割は，受動喫煙によって不快に感じることや体調が悪くなることがあると回答しており，職場における受動喫煙対策も重要な課題といえるでしょう。

---

(14)　https://www.mhlw.go.jp/toukei/list/h29-46-50b.html。

3 職場での嫌煙権はあるの？

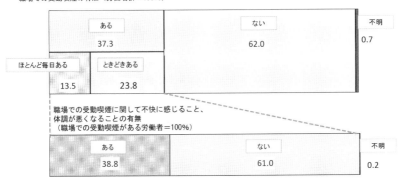

受動喫煙の状況（平成29年）

（平成29年労働安全衛生調査　調査結果概要24頁より）

　職場に関する受動喫煙の訴訟としては，江戸川区（受動喫煙）訴訟[15]があります。

　この事件は，江戸川区（被告）に職員として採用された原告が，その職場において，受動喫煙に対する措置を求めたものの，その対応が不十分であったために，受動喫煙による疑いのある症状を訴え，非喫煙環境下での就業が望ましい旨の医師による診断書を提示したものの，その後の対応に安全配慮義務違反があったとして，その債務不履行等による賠償請求を提起したものです。

　裁判所は，「喫煙による健康影響としては，……受動喫煙の急性影響として，眼症状……，鼻症状……，頭痛，せき，ぜん

---
(15)　東京地方裁判所平成16年7月12日判決・判例時報1884号81頁。

33

Ⅲ　嫌煙権ってなに？

鳴等が自覚されることが知られて」おり，受動喫煙の慢性影響
については，（1992 年）EPA 報告において，米国で受動喫煙が
非喫煙者の肺がんのリスクを 20％ 高めているとの結論に達し，
受動喫煙を EPA の定義による A 級発がん物質であると認定し
たほか，WHO 勧告や，カリフォルニア州環境保護庁報告によ
る受動喫煙の健康リスクについて，理論上の問題，証拠の重み
の評価などを根拠とした批判があるものの，「なお多数の疫学
研究が，受動喫煙の慢性影響として肺がんのリスクの増加を指
摘し，更には，受動喫煙と心臓疾患との関係や肺がん以外の呼
吸器疾患との関係等についても指摘していることからすれば，
非喫煙者を継続的に受動喫煙下に置くことによって，非喫煙者
の肺がん等のリスクが増加することは否定できないものと考え
られる」として，受動喫煙と健康リスクについて，一定の危険
性があることを示唆しました。

　その上で，職場における受動喫煙については，労働省告示や
厚生省の公表資料等に基づき，分煙の推進の必要性が指摘され
ており，原告江戸川区職員が職場で働き始めた当時（1995 年），
江戸川区は，「施設等の状況に応じ，一定の範囲において受動
喫煙の危険性から」原告の「生命及び健康を保護するよう配慮
すべき義務を負っていたものというべきである」ものの，当時
は喫煙についての社会的寛容さが残っていることや分煙対策の
方法についても検討した上で判断するべきとしました。

　こうしたことから，非喫煙環境下での就業が望ましいとの医
師による診断書の提示がある前の期間は，安全配慮義務に違反
したとまではいえないとしたものの，診断書提示後約 3 ヶ月の

間は，安全配慮義務違反があったとして，原告の訴え認め，江戸川区に医療費の一部と慰謝料の支払いを命じる判決を出しました。

これまでは，受動喫煙と健康リスクについて，一定の科学的，疫学的知見から，何らかの影響を受ける可能性が指摘されながらも，それが受動喫煙によるものかどうか明確でないなどとされてきましたが，この事件で裁判所は，受動喫煙によって一定の健康リスクが生じることを認め，職場の分煙状況等に応じて判断するとしました。

平成29年労働安全衛生調査によれば，現在でも1割近い職場において自由に喫煙ができるとされています。

受動喫煙防止対策に取り組んでいる禁煙・分煙状況別事業所割合の推移
（事業所計＝100％）

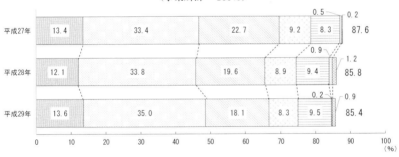

（平成29年労働安全衛生調査　調査結果概要11頁より）

Ⅲ 嫌煙権ってなに?

非喫煙者の保護のためには,禁煙ではなくとも分煙などの措置が講じられるべきでしょう。

4 自宅・マンションでの嫌煙権はあるの?

私たちは,自宅で喫煙しても良いのでしょうか。

一般的に,自宅(居室・敷地)内での喫煙について規制されることはないでしょう。

しかし,マンションの共用部分やベランダ等での喫煙については,禁止されていることもあります。

皆さんの家族に喫煙者はいますか?

受動喫煙の影響を受ける場所として,家庭内があります。パートナーや親兄弟など家族に喫煙者がいる場合に,最近では外で吸うことのできる環境が無くなってきている以上,家庭内での喫煙を許す人もいるでしょう。

この点に関連して,東京都では,2017 年に東京都子どもを受動喫煙から守る条例(平成 29 年東京都条例第 73 号)を制定しました。

この条例は,たばこの影響が喫煙者の周囲の人の生命,健康に悪影響を及ぼすことが明らかであるとの前提の下で,「子どもについては,自らの意思で受動喫煙を避けることが困難であ」ることから(条例前文),「子どもの生命及び健康を受動喫煙の悪影響から保護するための措置を講ずることにより,子どもの心身の健やかな成長に寄与するとともに,現在及び将来の都民の健康で快適な生活の維持を図ること」を目的としていま

す（条例1条）。

　そして，保護者は，家庭内および自動車内，そのほか家庭外でも子どもが受動喫煙の被害に遭うことのないようにしなければならないとされています（条例6条〜8条）。

　具体的には，次のような規定があります。

　（家庭等における受動喫煙防止等）
　第六条　保護者は，家庭等において，子どもの受動喫煙防止に努めなければならない。
　2　喫煙をしようとする者は，家庭等において，子どもと同室の空間で喫煙をしないよう努めなければならない。
　（家庭等の外における受動喫煙防止）
　第七条　保護者は，家庭等の外においても，受動喫煙を防止する措置が講じられていない施設又は喫煙専用室その他の喫煙の用に供する場所に，子どもを立ち入らせないよう努めなければならない。
　（自動車内における喫煙制限）
　第八条　喫煙をしようとする者は，子どもが同乗している自動車（道路交通法（昭和三十五年法律第百五号）第二条第一項第九号に規定する自動車をいう。）内において，喫煙をしないよう努めなければならない。

　子どもをたばこの煙から守ることは重要ですが，家庭内での受動喫煙の防止をどのように図るかは，各家庭によって異なるところでしょう。

　皆さんの隣人に喫煙者はいますか？
　都市部に住み，隣人と挨拶もしたことがない人でも，隣人が

Ⅲ　嫌煙権ってなに？

喫煙者かどうか知っているという人はいるのではないでしょうか。

　隣人の喫煙による受動喫煙は，一軒家で敷地も広ければともかく，マンションや民家が立ち並ぶ住宅街であれば，たばこの煙について気になる人もいるでしょう。

　マンションの隣人の喫煙についての訴訟がいくつかあります。東京マンション喫煙訴訟[16]というものがあります。

　原告の申し出により，家主が消臭剤を設置する等の措置を講じ，喫煙者である被告（隣人）は，喫煙時に居室の換気扇を回すこととして，窓や玄関扉等は開けないとの約束をしていましたが，夏などは窓を開放して喫煙したことがあったとされます。こうしたことから，慰謝料やたばこの煙が流入しないように対処することを求めて訴えを起こしました。

　裁判所は，「タバコの受動喫煙が受忍限度を超える違法なものとして損害賠償が認められるのは，受動喫煙による体調不良が医学的に裏付けられる程度になっていて，かつ，喫煙者が相手方の健康に悪影響が生じていることを認識し得たにもかかわらず，著しく副流煙を到達させるような方法によって喫煙を継続したような場合に限られる」としました。

　そして，この事件では，受動喫煙の状況を「原告が不快に感じているにとどまり，原告に慢性気管支炎が再発したり，悪化するなどの医学的に裏付けられる身体的症状が生じたとは認め

---

(16)　東京地方裁判所平成24年3月28日判決・LEX/DB 文献番号
　　25493352。

られないし，被告も原告の健康に悪影響が生じていることを認識していたとも認められず，さらに，被告の喫煙本数は1日10本程度に過ぎず，かつ，喫煙時には，換気扇を回すなど，原告にも一定の配慮をしていることが認められるから，被告の喫煙行為が不法行為に該当すると認めることはできない」として原告の訴えを認めませんでした。

隣人等の喫煙による煙の曝露については，直ちに不法行為になるものとはせずに，非喫煙者が一定程度受忍するべきことを前提としているともいえるでしょう。

名古屋におけるマンション訴訟[17]では，隣人の喫煙について，非喫煙者に一定の受忍義務（耐え忍んでがまんする義務）があると判断されています。

喫煙者の喫煙環境が無くなってきている中で，自宅内での喫煙が制限されることになると，それは喫煙の禁止にほかなりません。

家族の家庭内喫煙や近隣住民の喫煙については，非喫煙者側の理解を得ることが必要になるでしょう。

自宅での受動喫煙に関連して，次のような調査があります。この調査から自宅内での受動喫煙対策については，あまり意識していない人が一定数いるともいえるでしょう。

---

(17)　名古屋地方裁判所平成24年12月13日判決・判例集未登載。

Ⅲ 嫌煙権ってなに？

家庭内でタバコを吸っている人はいますか？

■全体 (N=327)　■戸建て (N=213)　■集合住宅 (N=114)

誰も吸っていない
自分が吸っている
以前自分が吸っていたが、現在は誰も吸っていない
自分も家族も吸っている
家族が吸っている
以前家族が吸っていたが、現在は誰も吸っていない
以前自分が吸っていたが、現在は家族が吸っている
以前家族が吸っていたが、現在は自分が吸っている

53.5%
28.6%

4 自宅・マンションでの嫌煙権はあるの？

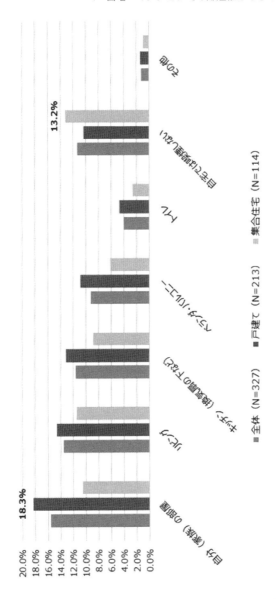

III 嫌煙権ってなに？

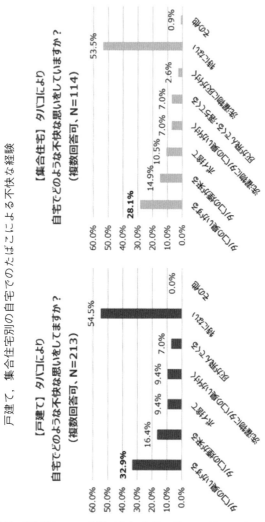

前3図は、「リビンマッチ調べ」による。(https://www.lvnmatch.com/magazine/article/column/lvn_research/8286/)
（調査期間：2019年4月12日〜4月25日）

Ⅳ　たばこは絶対悪なの？吸う権利はないの？

1　喫煙の自由？

　喫煙の自由ということばを聞いたことがありますか？たばこを吸う権利ともいわれるものです。

　憲法の議論として，喫煙の自由が認められるかどうかということがしばしばなされてきました。

　在監者喫煙権訴訟[18]といわれる裁判がありました。

　この事件は，公職選挙法違反の容疑で逮捕されて拘留されていた原告が，たばこを吸わせてほしいと要望しましたが，これを拒否されたため，在監者の喫煙を禁止した旧監獄法施行規則96条が，喫煙の自由を侵害し憲法13条に反するとして争われたものです。

　最高裁判所は，「喫煙の自由は，憲法13条の保障する基本的人権の一に含まれるとしても，あらゆる時，所において保障されなければならないものではない」と示し，場合によっては喫煙について一定の制限がなされることを示唆しています。

　そして，未決勾留の「目的」を考慮した上で「制限の必要性の程度」と「制限される基本的人権の内容，これに加えられる具体的制限の態様」とを比較較量してその制限が「必要かつ合理的なものであるか」，を判断するべきであるとしたのです。

　在監者の喫煙は，たばこの火を使い証拠の隠滅を図ることや，

---

(18)　最高裁判所大法廷昭和45年9月16日判決・最高裁判所民事判例集24巻10号1410頁。

IV　たばこは絶対悪なの？吸う権利はないの？

火災を起こすことによって逃走を図ることなどもあり得ますので，必要性や合理性があるとされたのでしょう。

　この最高裁判決については，憲法13条に喫煙の自由が含まれることを示唆しているものと考えられるとする解釈もあります[19]。

　しかし，判決はあくまでも，在監者の権利制限について判断をしたものであって，喫煙の自由について正面から判断していないため，仮定上認めているものとされるにとどまっているとされるでしょう[20]。

　一方で，最高裁判所は喫煙の自由を憲法上の基本的人権として認めたものではないとするものもあります[21]。

　この判決の趣旨として，喫煙の自由が認められたとしても，受動喫煙の防止のために，ある一定の時，場所においての喫煙を制限することは可能であるといえるでしょう。

2　喫煙は憲法上どのように位置づけられる？

　前にも述べたように，裁判所が，喫煙の自由について憲法13条の権利の一つとして認められると考えることもできます。

　しかしながら，一般には，喫煙の自由が憲法13条の保障の

---

(19)　長谷部恭男『憲法〔第6版〕』（新生社，2014年）144頁。

(20)　伊藤正己『憲法〔第3版〕』（弘文堂，1995年）195頁。

(21)　松井茂記『日本国憲法〔第3版〕』（有斐閣，2007年）333頁，芦部信喜「科学技術の発展と人権論の課題──プライバシーの権利を中心として」学習院大学法学部研究年報28号（1993年）23-24頁。

範囲内にあるとはされていません。

　ただし，喫煙の自由は，喫煙が自己の嗜好として存在し，他者に対して危害を与えること，他者の権利を侵害しないことを前提とすれば，一般的自由として認められてきたものといえるでしょう[22]。

　一方で，嫌煙権について，裁判所が認めうるとしているといえるかもしれませんが，ここではあくまでも健康に対する侵害がある場合に限って嫌煙権を認めていると考えられるでしょう。

　そうすると，受動喫煙によって現実の健康被害が存在することを前提として，単に煙を嫌う権利というよりは，自己の健康保護権（健康権）という意味合いのものとして認められる可能性があるとしているのでしょう。

　憲法上の幸福追求権，自己決定権，ライフスタイルの自由として論じられることのある喫煙の自由ですが，憲法13条は公共の福祉による制約を認めていることからも，他者に対して害悪を与える可能性のある喫煙という行為が，あらゆる場面で認められるとすることはできないというべきでしょう。

　この点は，喫煙の自由，嫌煙権ともに絶対的な権利とされていないことから，その権利の行使にあたって，他者の健康や安

---

(22)　憲法上の喫煙の自由について，幸福追求権の理解に関して，人格的利益権説の立場であれば喫煙の自由が個人の人格的生存に必要不可欠ではないとして認められない可能性がありますが，一般的行為自由説の立場であれば，憲法上の権利として認められる可能性があるでしょう。

Ⅳ　たばこは絶対悪なの？吸う権利はないの？

寧に影響を及ぼす場合には制限を受けることになるということになります。

　しかしながら，喫煙の自由と嫌煙権は対等な権利ではない，つまり，喫煙者にとって非喫煙者の存在は喫煙することとの関係では問題とならないが，一方の非喫煙者にとっては，喫煙者の存在によってきれいな空気を吸うことができなくなります。このため，これらの権利には対称性がなく，喫煙者による非喫煙者に対しての一方的な権利侵害ということとなるとされるのです。

　そうすると，この権利侵害を避けるものと認めるのであれば，喫煙の自由と嫌煙権が同時に主張された場合には，後者の前者に対する原理的な優越性があるという考えもあります[23]。

　これまでの裁判例では，わが国の風土が喫煙に対して社会的寛容を有することが示されてきました。

　こうした社会的背景が，これまでのわが国における喫煙の自由の容認という風土を後押ししてきたとも考えられます。

　そして，嫌煙権については，これを憲法13条から導く人格権の一内容として捉えるもの，環境権に基づくとするものなどがありますが，環境権に根拠づけなくても，良好な空気の中で生活する権利（自由）が，人格的生存に必要であるとして，憲法上認められるとすることもできるでしょう。

---

(23)　奥田太郎「喫煙規制強化に関する倫理学的考察」井上達夫責任編集『法と哲学』5号（2019年）9頁。

46

ただし，判例が，受動喫煙と健康リスクについてそのリスクの可能性ではなく，危険性があることとして具体的侵害のあることを要求している点を考慮すると，嫌煙権をたばこの煙（受動喫煙）による健康への侵害の排除・救済を求める権利として，健康権[24]と位置づけることが適当ではないでしょうか[25]。

図に示したように，健康は，生命に直結するもので，他の憲法上の人権よりも尊重される場合があるとも考えられます。

その意味において，受動喫煙からの保護は，国民の生命に直

---

[24] 健康権については，下山瑛二先生が，従来からその権利の重要性を主張されています。下山瑛二『健康権と国の法的責任――薬品・食品行政を中心とする考察――』（岩波書店，1979年）78頁以下。
[25] 大沢秀介先生は嫌煙権の学説について，「具体的な健康への被害が生ずる前に救済を与えうること，および憲法論的位置づけがより強く行われている」として，健康権として理解する説が妥当であるとしています（大沢秀介「嫌煙権訴訟」ジュリ1037号（1994年）183頁）。

Ⅳ　たばこは絶対悪なの？吸う権利はないの？

結する重要な課題であるということができるでしょう。

　しかし，たばこってそんなに悪いものなのでしょうか。喫煙の自由が絶対的に保護されないとしても，本来は，周りに迷惑をかけない限り自由にたばこを吸えるはずですし，たばこの販売，たばこ事業などが禁止されているわけではありません。

　なぜ，たばこだけが，目の敵にされるかのように規制されることになったのでしょうか。

3　たばこは絶対悪？

　元来，たばこは，主に中南米地域において宗教的な行事へ用いられることやの神への供物とされていましたが，コロンブスがたばこをヨーロッパに持ち帰り，各国の貴族の間に広まるとともに，ヨーロッパでもたばこの栽培が行われるようになったといわれています。

　わが国では，鉄砲の伝来とともにたばこが伝えられ，江戸時代の初期のころから栽培されるようになったといわれています。明治時代には，喫煙習慣の広まりに伴い，年少者にも喫煙が広がり始めたことから，1900年に未成年者喫煙禁止法が施行されました。

　喫煙の広がりがある中で，たばこは，悪であるというわけではなく，一つの嗜好品として多くの市民の間で親しまれる，そうした時代が長く続いていたわけです。

　しかし，たばこには，健康に対する害悪があるとの理由からか規制の流れが一気に押し寄せてきました。

3 たばこは絶対悪？

　これが，前にも述べてきた，WHO の取組みやたばこ規制条約に至るわけです。

　たばこが健康に悪影響を及ぼすことは皆さんお分かりのはずです。何度もお話してきました。
　喫煙・受動喫煙によってさまざまな疾患の可能性があるわけですが，特にがんについては，IARC（国際がん研究機関）による調査によれば，喫煙および受動喫煙はいずれも「グループ1」と判定されています。これは，放射線・アスベストなどと同じカテゴリで「がんを確実に引き起こす」という意味です。

　確かに，これを耳にすると，たばこは，危険だな，健康に悪いからやめよう，などと思う人もいることでしょう。

　しかし，放射線やアスベストと同じ程度に健康に悪いと位置づけられながらも，わが国でも，そして多くの諸外国でも，たばこは「禁止」されてはいません。

　受動喫煙対策の強化が行われ，価格調整や増税を行うなどの取組みはみられても，「禁止」しようとはしないのです。
　ですので，喫煙者の皆さんは，周りに迷惑をかけない限り，堂々と喫煙して良いはずなのです。
　しかし，たばこ＝悪というような風潮があるのはなぜでしょう。

　そして，時々メディアなどでも取り上げられますが，たばこは規制されるのにお酒（アルコール）が規制されないのはなぜ

49

Ⅳ　たばこは絶対悪なの？吸う権利はないの？

だろう。たばこやお酒に比べれば健康への悪影響は非常に低いのに，わが国では大麻が規制されるのはなぜだろう。こういった疑問が沸いてくるのではないでしょうか。

　本来は，国民の自由であるはずの行為について，これを禁止したりすることは，政策的に許容される場合もあるでしょう。そして，ここでは，喫煙の自由に対して，規制をかけやすい（喫煙者が喫煙することにより得られる利益よりも，受動喫煙などを排除する方が社会の便益にかなっている）という背景があるのでしょう。もちろんたばこ規制の背景に，国民の健康増進とこれに伴う医療費の削減等といった意図が含まれているかもしれません。

　そうすると，飲酒運転による悲惨な事故や，アルハラ（アルコールハラスメント）といわれる酒席でのハラスメント行為，各種がんに対するリスク上昇や肝機能障害をはじめとする健康被害などが指摘されるお酒についても，たばこの次に規制対象となるかもしれません。

　その一方で，社会の便益の大きいもの，例えば車や自転車などは，交通事故が発生し，亡くなる人や障害を負う人が出ても，全面的に規制されることがありません。この点については，運転者のマナーの問題だという人がいるかもしれませんが，受動喫煙については，今までは，喫煙者のマナー（周囲への配慮）の問題とされていたことが，いつの間にか，あたかも受動喫煙＝周囲の者への殺人，とでもいうかのような風潮があります。

　最近の高齢者による運転＝悪い事，というような風潮に似て

いるかもしれませんが，冷静になって，単に喫煙者を排除するのではなく，皆で知恵を出し合った規制をすることが求められるのでしょう。

この点については，後（Ⅵ）に考えたいと思います。

Ⅴ たばこを規制する条例にはどんなものがあるの？

1 路上喫煙防止条例ってなに？

　路上での喫煙を禁止する。そんな条例があるのを皆さんは知っていますか？そうした条例を，路上喫煙防止条例といいます。

　路上喫煙防止条例の先駆けとして有名なのが東京都千代田区の「安全で快適な千代田区の生活環境の整備に関する条例」（平成14年千代田区条例第53号。以下「千代田区条例」。）です。区内の地域を「路上禁煙地区」に設定し，路上喫煙に対して過料を科すほか，吸い殻を含めたポイ捨てについても過料を科すとしたものです[26]。

　路上喫煙防止の流れは，1992年の福岡県北野町（現：久留米市）において，「北野町の環境をよくする条例」（平成4年北野町条例第13号）によってたばこのポイ捨て禁止が定められたことを嚆矢として，千代田区条例による罰則規定の導入や各地方公共団体の条例制定に至っています。

　ここで，路上喫煙の防止とは，その主たる目的を住民等の健康保護ではなく，もっぱら都市の美観確保・生活環境保全を目的とされています[27]。

---

(26)　千代田区条例に関しては，ホームページ（http://www.city.chiyoda.lg.jp/koho/machizukuri/sekatsu/jore/jore.html），千代田区生活環境課『路上喫煙にNo!──ルールはマナーを呼ぶか──』（ぎょうせい，2003年）を参照。

(27)　深町晋也「路上喫煙条例・ポイ捨て禁止条例と刑罰論──刑事

1 路上喫煙防止条例ってなに？

　つまりは，路上での喫煙によって周囲の人に健康被害が生じるために規制するものではなく，路上喫煙によって「たばこの吸い殻のポイ捨て」がなされ，こうしたゴミが都市の美観を損なうことから規制しようということがはじまりでした。

　現在では，喫煙者に対する風当たりも強く，この美観確保の中に，「喫煙する者がいる景色」が美観を損ねるという意味合いが入っているかもしれません。

(http://www.city.chiyoda.lg.jp/koho/machizukuri/sekatsu/jore/jore.html)

　ちなみに，千代田区条例は，「この条例は，区民等がより一層安全で快適に暮らせるまちづくりに関し必要な事項を定め区民等の主体的かつ具体的な行動を支援するとともに，生活環境を整備することにより，安全で快適な都市千代田区の実現を図ることを目的とする。」(1条) と規定しています。

　このほか，例えば，藤沢市きれいで住みよい環境づくり条例（平成19年藤沢市条例第7号）は，「きれいで住みよい環境づくりを進めるために，市，市民等，事業者及び所有者等の責務を

　　　立法学序説——」立教法学79号（2010年）64頁。

Ⅴ　たばこを規制する条例にはどんなものがあるの？

明らかにするとともに，地域の環境美化の促進及び空き缶の投棄，路上喫煙等の防止に関し必要な事項を定め，もって快適な生活環境を確保する」（1条）と規定しています。

　また，横須賀市ポイ捨て防止及び環境美化を推進する条例（平成9年横須賀市条例第14号）は，「この条例は，市，市民等，事業者及び所有者等が一体となって，空き缶等及び吸い殻等のポイ捨て並びに路上喫煙を防止するとともに，美化清掃活動の充実に努めることにより，清潔で美しいまちづくりを目指し，もって快適で安全な生活環境の保持に資することを目的とする。」（1条）と規定しています。

　こうした条例の規定からは，都市の美観，清潔さといった，生活環境の向上が目的として条例が制定されていると考えられます。

　一方で，近時，路上喫煙防止条例を制定している例の中には，住民の健康保護目的を考慮していると思われるものも存在します。

　例えば，川崎市路上喫煙の防止に関する条例（平成17年川崎市条例第95号）は，「この条例は，路上喫煙を防止することにより，市民等の身体及び財産の安全の確保を図り，もって市民の生活環境の向上に資することを目的とする。」（1条）と規定しています。

　また，相模原市路上喫煙の防止に関する条例（平成24年相模原市条例第9号）でも，「この条例は，路上喫煙の防止について必要な事項を定めることにより，市民等，事業者及び市が連携

54

1　路上喫煙防止条例ってなに？

して市民等の身体及び財産の安全及び安心の確保を図り，もって市民の生活環境の向上に資することを目的とする。」（1条）と規定しており，住民等の健康保護を主たる目的としていないものの，その趣旨は，住民等の健康保護に他ならないものということができるでしょう。

さらに，豊島区路上喫煙及びポイ捨て防止に関する条例（平成9年豊島区条例第23号。平成22年条例第40号全面改正）では，「この条例は，さわやかな街づくりを推進するため，路上喫煙及びポイ捨て等を防止し，安全で快適な都市空間の確保及び環境美化を促進することを目的とする。」（1条）と規定しています。

このように，「安全」ということばが入ることで，住民の健康保護の趣旨を読み取ることもできるでしょう。

路上喫煙率の推移

平成23年5月30日
「豊島区路上喫煙及びポイ捨て防止に関する条例」施行

（http://www.city.toshima.lg.jp/152/machizukuri/sumai/bika/taisaku/025745.html）

55

Ⅴ　たばこを規制する条例にはどんなものがあるの？

　豊島区では，路上喫煙率調査が行われており[28]，この調査からは，条例施行後の啓発活動が行われていることもあることからか，路上喫煙率が低下していることが分かります。

　ただし，池袋駅を始めとする都心の駅周辺で，かつ通勤時間帯の調査であるため，この調査からは，他の時間帯や駅から離れた場所での喫煙率は定かではありません。

　厚生労働省の調査によれば，路上喫煙を規制している地方公共団体（市町村および特別区）は，2016年5月時点で，1741団体中243団体であり，全体の一割強とされています[29]。

　農村地域では，路上喫煙の規制の必要性が認識されていないのかもしれませんが，歩きたばこ等については，都市の美観（ポイ捨て等の禁止）のみならず，火災の予防，周囲の人への受動喫煙の予防の観点，さらには喫煙をする住民の健康保護の観点からも，本来は全ての地方公共団体において規制されるべき事項ではないでしょうか。

　WTOの勧告やたばこ規制条約，国の受動喫煙防止法整備の趣旨に照らせば，これを放置することは認められず，地方公共団体の多くが条例を制定していない現状からすると，路上喫煙についても国による最低限の規制を導入すべき時期に至っているともいえるでしょう。

---

(28)　http://www.city.toshima.lg.jp/152/machizukuri/sumai/bika/taisaku/025745.html。

(29)　厚生労働省「受動喫煙防止対策強化の必要性他」（https://www.mhlw.go.jp/file/04-Houdouhappyou-10904750-Kenkoukyoku-Gantaisakukenkouzoushinka/0000172629.pdf）16頁。

2 どんな規制がされているの？

　路上喫煙防止条例における規制の内容については，横浜市空き缶及び吸い殻等の散乱の防止（等）に関する条例（平成7年横浜市条例第46号。以下「横浜市条例」。（等）については，平成19年の改正によって追加されています。）が，喫煙禁止地区での喫煙を禁止し（11条の3），この禁止違反に対して2000円以下の過料を科す（30条）として，喫煙禁止地区での喫煙（違反行為）について過料処分を科すこととしています。

　千代田区条例では，21条1項で，「区長は，特に必要があると認める地区を，路上禁煙地区として指定することができる。」と規定し，「路上喫煙禁止地区においては，道路上及び区長が特に必要があると認める公共の場所（以下「道路等」という。）で喫煙する行為及び道路等（沿道植栽を含む。）に吸い殻を捨てる行為を禁止する。」（同条例21条3項）として，指定地区内での喫煙，吸い殻を捨てることを禁止し，同条例24条で，「次の各号のいずれかに該当する者は，2万円以下の過料に処する。(1)推進モデル地区内において第9条第1項の規定に違反し，生活環境を著しく害していると認められる者 (2)第21条第3項の規定に違反して路上禁煙地区内で喫煙し，又は吸い殻を捨てた者（前号に該当する場合を除く。）」と規定し，違反者に対する罰則規定を設けています。

　また，小田原市きれいなまちと良好な生活環境をつくる条例（平成6年小田原市条例第19号：平成21年小田原市条例第16号による改正により歩きたばこ禁止等が規定された）では，「市民等は，第12条第1項の環境美化促進重点地区内において，灰皿が設

Ⅴ　たばこを規制する条例にはどんなものがあるの？

置されている喫煙場所以外で喫煙（火のついたたばこを所持する行為を含む。）をしてはならない。」（同条例10条5項）と規定し，違反者に対しては行為の中止等の勧告を行い（同条例10条の2），これに従わないときは，2万円以下の罰金が科せられることとなります（同条例28条2号）。

　各市町村の条例によって，規制の内容は異なり，喫煙禁止地区の指定のあり方（公的な喫煙所の設置があるかどうか等）や罰則について，罰則なし，罰金，過料の違いも存在しています。

　次の表をみると，路上喫煙防止について，罰則規定のない地域，過料とする地域と罰金とする地域が分かれていることがわかるでしょう。

2　どんな規制がされているの？

神奈川県内の条例による喫煙規制（抜粋）

(注)　過：罰則（過料）付き路上喫煙規制条例　　罰：罰則（罰金）付き路上喫煙規制条例

　　　○：罰則のない路上喫煙規制条例　　　□：吸殻のポイ捨て禁止条例

　※　「施行」欄の（　）内は路上喫煙規制条項の追加改正施行時期を示す

平成25年9月調べ

自治体名	名称	施行	区分	
			路上喫煙規制	ポイ捨て禁止
〈参考〉 神奈川県	神奈川県廃棄物の不適正処理の防止等に関する条例	H19.4.1		□
	神奈川県青少年喫煙飲酒防止条例	H19.7.1		
	神奈川県公共的施設における受動喫煙防止条例	H22.4.1		
	神奈川県海水浴場等に関する条例	H22.5.15		
横浜市	横浜市空き缶等及び吸い殻等の散乱の防止等に関する条例	H8.4.1 (H19.9.1)	過	□
川崎市	川崎市路上喫煙の防止に関する条例	H18.4.1	過	
	川崎市飲料容器等の散乱防止に関する条例	H7.7.1		□
相模原市	相模原市ごみの散乱防止によるまちの美化の推進に関する条例	H10.4.1		□
	相模原市路上喫煙の防止に関する条例	H24.10.1	過	
横須賀市	ポイ捨て防止及び環境美化を推進する条例	H9.10.1 (H19.7.1)	○	□
藤沢市	藤沢市きれいで住みよい環境づくり条例	H19.7.20	罰	□
平塚市	平塚市さわやかで清潔なまちづくり条例	H18.10.1	罰	□
鎌倉市	鎌倉市路上喫煙の防止に関する条例	H21.4.1	過	
	鎌倉市みんなでごみの散乱のない美しいまちをつくる条例	H13.10.1		□
小田原市	小田原市きれいなまちと良好な生活環境をつくる条例	H7.4.1 (H21.7.1)	罰	□
茅ヶ崎市	茅ヶ崎市民の美しく健康的な生活環境を守る条例 （きれいなちがさき条例）	H14.6.1		□

2013年10月18日，平成25年度第2回神奈川県たばこ対策推進検討会・第3回「神奈川県公共的施設における受動喫煙防止条例」見直し検討部会合同会議，参考資料5「県内市町村における路上喫煙の規制等，たばこ関連条例の制定状況一覧」(http://www.pref.kanagawa.jp/uploaded/attachment/637216.pdf) より，一部抜粋。

Ⅴ　たばこを規制する条例にはどんなものがあるの？

3　過料ってなに？

　路上喫煙防止条例やこの後に触れる受動喫煙防止条例などで罰則として用いられるものに，「過料」があります。

　これはいったいどのようなものなのでしょうか。

千葉市の路上喫煙取締り表示（https://www.city.chiba.jp/kankyo/junkan/haikibutsu/rojoukituenpoisue-boushi.html）

　過料とは，行政罰[30]の一つである行政上の秩序罰とされるものです[31]。

---

(30)　行政罰とは，行政上の義務違反に対して，一般統治権に基づいて制裁として科す罰の総称とされています（田中二郎『法律学全集6　行政法総論』（有斐閣，1957年）405頁）。

(31)　川口公隆「簡易裁判所の取扱う過料の諸問題」司法研究報告書17輯4号（司法研修所，1967年）1頁など参照。
　「行政罰として過料を科する場合を広く行政上の秩序罰ということができる」（田中・前掲注30・412頁），「行政上の義務違反ではあるが，直接的には社会的法益を侵害したり民集の生活に悪影響をもた

3　過料ってなに？

　行政上の秩序罰としての過料は，地方自治法によって地方公共団体が科すことができる行政罰の一つであるとされます。

　地方自治法14条3項で，条例によって過料を含む罰則規定を設けることができるとされるほか，首長の定める規則による過料，分担金，使用料等の徴収に関する条例における過料が，地方公共団体の科すことのできる過料として規定されています。

　国の法律違反にかかる過料は，非訟事件手続法に基づき，過料に処せられるべき人の住所地の地方裁判所において科せられることになりますが，地方公共団体の科す過料は，地方公共団体の長がこれを科し，期限内に納付されない場合には，地方税の滞納処分の例により徴収することとされています。

　こうした，行政上の秩序罰としての過料についての一般的な定めはなく，刑罰ではないため，刑法総則の適用もありません。このため，過料についてどのような理論を適用するかは，個別の法律等により定めがあるものを除き，行政罰の性質に照らして理論的に考察されるものとされています。

　ここでは，過料を科す場合に，「刑罰と同様，行為者の故意・過失，違法性の認識といった主観的要件が必要とされるかどうか」が問題となります。

───────

　らさない，軽微な形式的違反行為に対して科される過料という制裁をいう」（原田尚彦『行政法要論（全訂第7版補訂版）』（学陽書房，2011年）236頁），「行政上の義務違反に対しては，刑罰ではなく行政罰としての過料が科されていることがあり，このような過料は，秩序罰と呼ばれている」（佐伯仁志『制裁論』（有斐閣，2009年）10頁）。

61

V　たばこを規制する条例にはどんなものがあるの？

　前の千葉市の写真に示されているように，「直ちに過料」を科すことができるかといった問題が生じることになるのです。

　そして，従来は，客観的違反事実が存在すれば過料を科すことができるとされてきましたが，近年の議論からは，過料の制裁的性質や程度によっては従来の客観的違反事実によって過料を科すとする見解では不十分とされそうです[32]。

　路上喫煙に関する裁判においても，横浜市条例に関する事件で，横浜地方裁判所[33]，東京高等裁判所[34]ともに，客観的違反事実のみで判断することはできない，つまり，少なくとも喫煙者に過失があることを求めています。

　確かに，喫煙に対する意識が変わってきている現状であったとしても，路上喫煙を禁止する地方公共団体がいまだ少数であることからすると，喫煙禁止区域であることを知らない人にも，直ちに過料を科すこととなるのは適当ではないかもしれませんね。

---

(32)　須藤陽子「地方自治法における過料」行政法研究 11 号（2015年）34-35 頁では，行政上の秩序罰（過料等）についても，その導入・運用には慎重な対応が必要とされ，客観的違反事実のみによって判断されるものではないことが示唆されています。

(33)　横浜地方裁判所平成 26 年 1 月 22 日判決・判例時報 2223 号 20頁。

(34)　東京高等裁判所平成 26 年 6 月 26 日判決・判例時報 2233 号 103頁。

4 受動喫煙防止条例ってなに？

受動喫煙とは，「人が他人の喫煙によりたばこから発生した煙にさらされること」と定義されると前にも述べてきました。

健康増進法の改正によって，わが国全体として具体的に受動喫煙対策に取組むことになりましたが，それ以前から，受動喫煙対策を行っている地方公共団体が存在しました。そこで導入されていたのが「受動喫煙防止条例」です。

健康増進法改正前から，神奈川県と兵庫県で受動喫煙防止条例が導入されていましたが，2018年には東京都でも受動喫煙防止条例が制定されました。

この3つの受動喫煙防止条例について紹介したいと思います。

●東京都受動喫煙防止条例

2018年に東京都でも受動喫煙防止条例が制定されました[35]（「東京都受動喫煙防止条例」平成30年東京都条例第75号。平成31年1月1日より一部施行。以下「東京都条例」）。

この中で，公共施設等の禁煙や喫煙所設置の禁止，飲食店等における屋内禁煙や分煙等の措置が定められています[36]。

東京都条例は，「東京都，都民及び保護者の責務を明らかにするとともに，都民が自らの意思で受動喫煙を避けることがで

---

[35]　東京都受動喫煙防止条例の詳細については，東京都 HP（http://www.fukushihoken.metro.tokyo.jp/kensui/tokyo/kangaekata_public.html）参照。

[36]　東京都受動喫煙防止条例については，川合敏樹「新法解説 健康増進法改正と東京都条例——受動喫煙防止をめぐって」法教463号（2019年）58頁以下も参照。

Ⅴ　たばこを規制する条例にはどんなものがあるの？

きる環境の整備を促進することにより，受動喫煙による都民の健康への悪影響を未然に防止すること」（1条）として，住民の健康の保護を目的として，学校，病院，官公庁では，敷地内禁煙，その他多数の人が利用する施設では，原則屋内禁煙とすることとされています（8条）。

　東京都条例では，IQOSなどの「加熱式たばこ」を，「指定たばこ」[37]として，通常のたばこと区分しています。条例の目的（健康の保護）との関係もあることから，加熱式たばこについては，受動喫煙による健康被害が明らかでないため，条例の規制について対象外とされています。

　この点，加熱式たばこの規制について，「健康の保護」を目的とする規制は，困難かもしれません。

　昨今，「スメルハラスメント」という言葉が登場しているように，加熱式たばこについては，その臭いに対する不快感を抱く人もいますので，多数の人が利用する施設等では，（周囲への配慮という点では）規制の対象とすべきかもしれません。

　一方で，豊橋市の受動喫煙防止条例のように，加熱式たばこの扱いを紙巻たばこと同様とする条例を制定している例もあります[38]。

　様々な考え，嗜好のある人が集う場では，利用するすべての人に，人々が「禁止されていない行為を行う自由」を享受する

---

(37)　当該たばこから発生した煙が他人の健康を損なうおそれがあることが明らかでないたばことして知事が指定するものとされています。

(38)　http://www.city.toyohashi.lg.jp/secure/64576/bessi%20kanetusikitabako.pdf。

4　受動喫煙防止条例ってなに？

ことを前提として，他者の行為に対する一定の受忍義務がある
ということもできるでしょう。

　東京都条例は，2020年4月1日に全面施行の予定とされて
いますが[39]，東京五輪の直前の条例制定，施行となり，準備期
間が必ずしも十分とはいえないかもしれません。

　しかし，条例制定によって，都民や他の道府県民等の意識が
変わることや各種業界の意識が（受動喫煙対策や分煙対策により
積極的に取組む姿勢へ）変わることへの期待もあるでしょう。

● 神奈川県受動喫煙防止条例

　神奈川県は，2009年に，神奈川県公共的施設における受動
喫煙防止条例（以下「神奈川県条例」）を制定し，この条例は
2010年から施行されています。

　神奈川県が，早期に受動喫煙対策に取組むこととなった背景
には，2007年の「受動喫煙に関する施設調査」による調査結
果に，飲食店のうち6割が受動喫煙の防止対策を実施しておら
ず，加えて，対策を実施していない飲食店のうち7割が，今後
の対策実施の予定もないとしたことが明らかになったこと，
「受動喫煙に関する県民意識調査」で，飲食店などで受動喫煙
（たばこ煙による曝露）にあったとする回答が過半数を超えてい
たことがあります。

　施設管理者の努力義務や喫煙者マナーの向上を図ることに

────────────
(39)　東京都受動喫煙防止条例概要スライド19頁も参照（http://www.
fukushihoken.metro.tokyo.jp/kensui/tokyo/file/0020190329.pdf）。

65

Ⅴ　たばこを規制する条例にはどんなものがあるの？

よっても受動喫煙の防止対策を十分な状態とするのは困難であると考えた神奈川県は，条例を制定したとされています[40]。

　神奈川県条例は，受動喫煙が健康へ悪影響を与えることが明らかであるという前提の下で，①県民，保護者，事業者，県の責任の明確化，②県民自らの意思によって受動喫煙を避けることができる環境の整備促進[41]，③未成年者の受動喫煙による健康への悪影響からの保護を掲げ，「受動喫煙による県民の健康への悪影響を未然に防止すること」を目的としています。

　神奈川県条例では8条で，「何人も，喫煙禁止区域（次条第1項又は第2項の規定による措置により設けられたものに限る。以下同じ。）内においては，喫煙をしてはならない」と定めて，ここで喫煙禁止区域とされた区域には，禁煙義務とされる第一種施設[42]と禁煙または分煙義務とされる第二種施設[43]が設定さ

────────────

(40)　加藤康介＝井出康夫「【第10回禁煙推進セミナー】〈受動喫煙防止条例を全国で実施するには〉4．神奈川県公共的施設における受動喫煙防止条例について」日本循環器学会専門医誌　循環器専門医19巻2号（2011年）341頁。

(41)　ここでいう「受動喫煙を避けることができる環境の整備」とは，受動喫煙（たばこ煙の曝露）を避けたいと思っている県民が，公共施設等を利用しようとする際に，たばこの煙に曝露されない環境を選択できることを意味するものとされます。

(42)　第一種施設として禁煙義務とされる施設は，幼稚園，小中学校，高校，大学等の教育施設，病院，薬局等の医療機関，劇場，映画館，観覧場，集会場，公会堂，寺社仏閣，火葬場，展示場，体育館，水泳場，ボーリング場，公衆浴場，百貨店，スーパーマーケット，公共交通機関の待合所等，公共交通機関の車両等，図書館，動物園，老人ホーム，保育所，官公庁等であるとされます。

れていました[(44)]。

ここで喫煙禁止とされる区域において禁煙・分煙といった措置を講じなかった施設管理者，事業者に対しては，指導・勧告，命令を経て過料が，また喫煙禁止とされている区域において喫煙をした人や県の立ち入り調査に施設管理者が拒否した場合は，直ちに過料が科されることとなっていました[(45)(46)]。

───────────

(43)　第二種施設として禁煙または分煙義務とされる施設は，飲食店，キャバレー，カフェ，ナイトクラブ，ホテル，旅館，ゲームセンター，カラオケ，ダンスホール，マージャン店，パチンコ店，場外馬券売り場等および，第一種施設に該当しないサービス業を営む店舗（クリーニング店，質屋，古物店，理容所，美容所，旅行代理店，不動産店，法律事務所，行政書士事務所，司法書士事務所，公認会計士事務所，社会保険労務士事務所，税理士事務所，弁理士事務所，探偵事務所，その他これらに類する施設）とされます。

　　※ただし風俗営業等の規制及び業務の適正化等に関する法律2条6項に規定する店舗型性風俗特殊営業および同条9項に規定する店舗型電話異性紹介営業を営む店舗については，第一種，第二種施設に含まないとされています。

(44)　神奈川県条例においては，適用除外認定施設（同条例20条），特例第二種施設（同条例21条）が設定されており，適用除外認定施設には，会員制クラブやシガーバー等が対象として含まれ，特例第二種施設には，風俗法2条1項1号から7号までに掲げる営業の用に供する施設，食品の調理場を除く床面積が100m²以下の飲食店，事業用の床面積が700m²以下のホテル，旅館が含まれ，これらの施設については，条例による規制について努力義務とされています。

(45)　神奈川県条例23条で罰則規定が設けられ，施設管理者が義務に従わなかった場合等は5万円以下の過料，喫煙禁止区域内で喫煙した者は2万円以下の過料の罰則規定が設けられていました。改正後は，24条に同様の罰則規定が設けられています。

(46)　神奈川県受動喫煙防止条例についての内容とその問題点の検討

67

Ⅴ　たばこを規制する条例にはどんなものがあるの？

この第一種施設と第二種施設についてまとめられたものが次の表になります。

一つ目の表は，条例制定から2019年6月末までの禁煙等に関する措置の状況ですが，2017年7月1日から，改正健康増進法の一部が施行されたことから，これに関連する一部改正がなされ，二つ目の表のような措置が講じられることとなっています。

なお，罰則については，三つ目の表のように取り扱われることとされています。

最新の状況はホームページで確認してください。

神奈川県条例に関する，2019年6月末までの状況

施設分類		
施設区分	必要な措置	施設例
第1種施設	禁煙	学校，病院，劇場，映画館，観覧場，集会場，運動施設，公衆浴場，物品販売店，金融機関，公共交通機関，図書館，社会福祉施設，官公庁施設など
第2種施設	禁煙又は分煙を選択	飲食店，宿泊施設，ゲームセンター・カラオケボックスなどの娯楽施設，その他のサービス業を営む店舗（クリーニング店，不動産店，理容所，美容所，旅行代理店，法律事務所など）

（http://www.pref.kanagawa.jp/docs/cz6/cnt/f6955/p23022.html）

について，大沢秀介＝葛西まゆこ＝大林啓吾編『憲法.com』（成文堂，2010年）211頁以下があります。

4 受動喫煙防止条例ってなに？

神奈川県条例に関する，2019 年 7 月からの状況

条例区分	施　設　例	必要な措置
第1種施設	幼稚園，小学校，中学校，義務教育学校，高等学校，中等教育学校，特別支援学校，大学，専修学校，各種学校（主に20歳未満の者が利用するものに限る）など	敷地内禁煙
	病院，診療所，助産所，薬局，介護医療院，介護老人保健施設，あん摩マッサージ指圧師，はり師，きゅう師又は柔道整復師の施術所など	
	保育所，児童福祉施設，児童厚生施設など	
	行政機関の庁舎	
	【上記以外の条例第1種施設】劇場，映画館，観覧場，集会場，運動施設，公衆浴場，物品販売店，金融機関，公共交通機関，図書館，社会福祉施設，遊園地，動物園など	禁煙
第2種施設	飲食店，宿泊施設，ゲームセンター・カラオケボックスなどの娯楽施設，その他のサービス業を営む店舗（クリーニング店，不動産店，理容所，美容所，旅行代理店，法律事務所など）	禁煙又は分煙を選択

(http://www.pref.kanagawa.jp/docs/cz6/cnt/f6955/p11990003.html#siseturei)

神奈川県条例等にかかる，2019 年 7 月からの罰則の例

施設	対象者	主な義務の内容	過料額	根拠法令
学校，病院，児童福祉施設，行政機関庁舎などの敷地内禁煙の施設	すべての人	喫煙禁止場所では喫煙禁止	30万円以下	健康増進法
	施設管理者等	喫煙禁止場所では喫煙器具等を撤去	50万円以下	
		条例で定める禁煙表示	5万円以下	
上記以外の条例（第1種・第2種）施設	すべての人	喫煙禁止区域では喫煙禁止	2万円以下	条例
	施設管理者	条例で定める必要な義務	5万円以下	

(http://www.pref.kanagawa.jp/docs/cz6/cnt/f6955/p11990003.html#siseturei)

Ⅴ　たばこを規制する条例にはどんなものがあるの？

● 兵庫県受動喫煙防止条例

　2012 年 3 月に兵庫県は，「兵庫県受動喫煙の防止等に関する条例」（平成 24 年兵庫県条例第 18 号。以下「兵庫県条例」）を制定しました[47]。

　兵庫県では，1999 年に「ひょうご健康づくり県民行動指標」で，「家族をいたわる心でタバコゼロ」を行動指標の一つとして位置づけて，2000 年の「健康日本 21 兵庫県計画」では，「公共の場や職場における分煙の 100％実施」を目標としていました。

　そして，2004 年には，「兵庫県受動喫煙防止対策指針」を定めて，受動喫煙防止のための対策を講じることを検討していました。このことが，兵庫県条例の制定に至ったものとされています。

　県内全域を規制対象とする受動喫煙防止条例は，神奈川県が制定したものが最初ですが，兵庫県条例の素案では，神奈川県の条例よりも厳格な規制が目指されていたため注目を集めました[48]。

---

(47)　兵庫県条例の制定経緯等についての詳細は，四方弘道「受動喫煙防止等に関する条例の制定について」地方自治職員研修 45 巻 10 号（2012 年）27 頁以下を参照。

(48)　素案内容については，兵庫県受動喫煙防止対策検討委員会報告書（平成 23 年 7 月 29 日）を参照。業界の反発によって内容が後退したことについて批判的な報道もあります。読売新聞平成 23 年 11 月 9 日朝刊，毎日新聞平成 24 年 3 月 19 日（大阪）夕刊，神戸新聞平成 24 年 3 月 20 日朝刊。

4　受動喫煙防止条例ってなに？

　兵庫県条例は，受動喫煙が，がん，脳血管疾患，心臓病等の疾患のほか，健康に悪影響があるという前提の下で，①未成年者および妊婦をはじめ県民が，たばこの煙にさらされることによる健康への危険を避けること，②健康づくりをより一層推進することができるよう，受動喫煙の防止等について，事業者等への周知を行うこととして，受動喫煙防止対策によって「県民の健康で快適な生活の維持を図ること」を目的として制定されました。

　兵庫県条例16条1項では，「何人も，受動喫煙防止区域（第10条第1項，第11条第1項，第12条第1項前段又は第13条第1項の規定により設けられる喫煙区域を除く。次項において同じ。）において喫煙してはならない」と定め，神奈川県の条例同様，喫煙が禁止される区域が設定されその区域内において喫煙することは禁止されるものとなっています。

　兵庫県条例の規制対象となる施設の管理者は，9条に基づく受動喫煙の防止として，受動喫煙防止区域内では喫煙することができないよう措置をとることが求められこととされました。

　ここで対象となる施設は，ほとんどが神奈川県条例と同じ形態の施設ですが，兵庫県条例では神奈川県条例に規定されていない観覧場の屋外の観客席，動物園，植物園，遊園地，都市公園等の敷地内という「屋外空間」においても規定を設けていることが特徴とされます。

　兵庫県条例では，罰則規定として指導・勧告，命令を経た後

71

Ⅴ　たばこを規制する条例にはどんなものがあるの？

に適切な対応を行わなかった人（施設管理者）に30万円以下の罰金，立ち入り検査時の虚偽報告等を行った人に20万円以下の罰金，立ち入り検査を拒み，妨げる等を行った人に10万円以下の罰金の規定を設けていました（旧23条）。

　このほか，受動喫煙防止区域（禁煙が求められる区域）内において喫煙した人に対して2万円以下の過料の規定を設けています（23条2項）。

兵庫県条例に基づく主な施設区分の一覧 （抜粋）

施　設　区　分	条　　　例	
	不特定又は多数の人の利用に供する部分	喫煙室設置の可否
教育施設等 医療関係施設 官公庁施設	受動喫煙 防止義務	× （※）の施設においては，既設の喫煙室を当分の間使用可
100㎡を超える 宿泊施設、飲食店	区域分煙義務	○
100㎡以下の 宿泊施設、飲食店	喫煙可能表示義務	○

2013.4
→条例適用
2013.10
→罰則スタート

2014.4
→条例適用
2014.10
→罰則スタート

（https://www.tornex.co.jp/1350）

4　受動喫煙防止条例ってなに？

兵庫県条例に基づく，施設における規制の概要
（令和元年7月1日一部施行）

施行時期	条例の対象となる施設の区分		規制内容：必要な対応（受動喫煙防止措置）	
			改正前	改正後
令和元年7月1日	1	幼稚園，保育所，小・中・高校など	敷地内・建物内のすべてを禁煙	敷地内・建物内のすべてを禁煙 ※敷地の周囲も禁煙
		病院，診療所，助産所	建物内のすべてを禁煙	
		児童福祉施設，母子・父子福祉施設など		
	2	大学，専修学校，薬局など	建物内の公共的空間[注1]を禁煙	敷地内・建物内のすべてを禁煙 ※屋外喫煙区域設置は可能
		介護老人保健施設，介護医療院など		
		官公庁施設	建物内のすべてを禁煙／建物内の公共的空間[注1]を禁煙	
令和2年4月1日	3	物品販売店，金融機関，宿泊施設，理容所・美容所，図書館，映画館，社会福祉施設など，多数の人が利用する施設	建物内の公共的空間[注1]を禁煙厳格な分煙[注2]など	建物内のすべてを禁煙 ※喫煙室設置は可能
	4	飲食店	建物内の公共的空間[注1]を禁煙厳格な分煙[注2]のいずれか ただし，客室面積が100m²以下の店舗は時間分煙や喫煙の選択も可能	建物内のすべてを禁煙 ※喫煙室設置は可能 ただし，既存小規模飲食店[注3]は喫煙店舗とすることが可能
	5	観覧場，運動施設，動物園，植物園，遊園地，都市公園など	建物内の公共的空間[注1]を禁煙厳格な分煙[注2]のいずれか	建物内のすべてを禁煙 ※喫煙室設置は可能 敷地内（建物外）のすべてを禁煙 ※屋外喫煙区域は設

73

Ⅴ　たばこを規制する条例にはどんなものがあるの？

			置可能
6	公共交通機関の乗降, 待合などの施設	建物内（屋外のプラットホームを含む）の公共的空間[注1]を禁煙厳格な分煙[注2]のいずれか	建物内（屋外のプラットホームを含む）を禁煙 ※喫煙室設置は可能
7	旅客の運送の用に供する列車，船舶	公共的空間[注1]を禁煙厳格な分煙[注2]のいずれか	当該施設の区域内を禁煙 ※喫煙室設置は可能
8	旅客の運送の用に供する自動車，航空機	公共的空間[注1]を禁煙厳格な分煙[注2]のいずれか（貸切バス・タクシーを除く）	当該施設の区域内を禁煙

(注1)	「公共的空間」には，次に掲げる区域は含まれません。 １．居室，事務室など，従業員等の特定の者が利用，又は出入りする区域 ２．会議室，宴会場，個室など，特定の利用者が一時的に貸し切って利用する区域
(注2)	「厳格な分煙」は，たばこの煙が禁煙区域へ直接流入しないよう，床面から天井まで達する壁等で仕切り，かつ，常にたばこの煙を直接屋外に排出できる設備などを備える必要があります。
(注3)	「既存小規模飲食店」とは，次のすべてを満たす飲食店をいいます。 １．条例施行の際，現に存する飲食店であること ２．客室面積が$100m^2$以下であること ３．個人又は中小企業が営んでいること ４．喫煙区域に20歳未満の者と妊婦を立ち入らせない旨を表示していること

5　東京都条例，神奈川県条例，兵庫県条例の比較

　これらの条例で規制対象となる施設については大きな違いはありません。現在では，改正健康増進法に基づく規制を前提としているため，基本的な対象施設は，同じといえるでしょう。

　この背景としては，受動喫煙の影響が大きいとされる屋内の施設であって不特定多数の人間が利用する場を中心としているため，規制対象はほぼ同じものといえます。

　また，禁煙，分煙等の措置の違いについても，2019 年 7 月以降は，改正健康増進法によって基本的な規制が規定されたことから，これに基づくところがほとんどです。しかし，改正健康増進法は，ナショナルミニマムな規定といえますので，各地方公共団体が，これに上乗せ，横出しの条例を定めることが妨げられるものではないでしょう。

　兵庫県条例では，他の条例や改正健康増進法で規制の対象外とされている屋外についても一部で受動喫煙防止の義務や努力義務を課した規制を行っています。
　こうした規制の対象となる施設や規制内容が適切であるか，喫煙の自由，嫌煙権，また飲食店や小売店等の営業の自由との関係から条例の制定の限界があるといえるのかについては議論のあるところでしょう。

Ⅵ 最近の法改正，条例制定は正しいのか？

1 受動喫煙防止の悪いところはないの？

喫煙の自由は他者に対して害悪を与えない場合は認められたとしても，他者の健康などを侵害する喫煙は認められません。

また，受動喫煙による被害に曝されている人は救済を求めることができるとともに，そうした侵害を未然に防ぐための措置として法律や条例によって喫煙場所の制限や喫煙に関する規制を行うことを求めることができるといえるでしょう。

ドイツ連邦憲法裁判所判決で，「健康そしてまさに人間の生命が特に高次の利益に属するために，その保護のための手段は，職業の自由という基本権に相当程度介入するものであってもよい」とされるように，厳格な受動喫煙対策が認められる可能性はあります[49]。

わが国でも生命，健康をより高次の基本権として位置づけることによって，受動喫煙対策を正当化することが可能でしょう。

一方で，営業の自由との関係について検討するとどうでしょうか。

受動喫煙は，本人の意思によらずにたばこの煙に曝されることをいうわけですが，一部の産業や営業用店舗においては喫煙

---

(49) ドイツ連邦憲法裁判所判決については，井上典之「喫煙規制をめぐる憲法問題──ドイツ連邦憲法裁判所の禁煙法違憲判決を素材に」法律時報 81 巻 5 号（2009 年）104 頁以下参照。

1　受動喫煙防止の悪いところはないの？

が付随，常態化しているものもあるかもしれません。

　わが国ではあまり見かけませんが，シガーバーなどはそうし
た産業にあたるでしょうし，キャバレーやスナックなどもそう
かもしれません。

　そうした産業への影響に関する調査では，外食産業を中心に
マイナスの影響が出るとされています[50]。

　一方で，厚生労働省が示す資料では，諸外国における外食産
業等でのたばこ規制導入後の減収はないとの報告が多数紹介さ
れています[51]。

　受動喫煙が，私たちの健康に直結するものである以上は，営
業の自由といった経済的自由よりも重要とされる各人の健康等
の保護を優先し，一定の経済的損失はやむを得ないと考えられ
るでしょう。

　しかしながら，喫煙が必要，または常態化している産業や店
舗があるとすれば，そうした産業等に対しては配慮が必要とも

(50)　東京マーケティング本部第一事業部『受動喫煙防止条例がもた
　らす需要変動の実態』（富士経済，2011 年）を参照してください。
　　その後の調査でも，マイナスの影響が指摘されています。富士経
　済 HP「『居酒屋，バー，スナック』『カフェ・喫茶店』『レストラン』
　のアンケートから『受動喫煙防止法案（たたき台）』施行による外食
　市場への影響を調査」（https://www.fuji-keizai.co.jp/market/17021.
　html）。
(51)　厚生労働省「受動喫煙防止対策強化の必要性他」（http://www.
　mhlw.go.jp/file/04-Houdouhappyou-10904750-Kenkoukyoku-Gantais
　akukenkouzoushinka/0000172629.pdf）参照。

77

Ⅵ 最近の法改正，条例制定は正しいのか？

いえます。

　そうした産業や店舗において喫煙が認められたとしても，たばこの煙に曝されたくないと思っている人は，そうした場所を訪れることを避けることが容易といえるでしょう。

　そうした施設においても禁煙義務を課すとなると，営業の自由の観点から問題があるかもしれません。

2　どんな規制が求められているのだろう？

　三次的喫煙についての危険性が指摘されたことについて考慮すると，喫煙した人の髪の毛，衣服に付着した有害物質による間接的喫煙の影響がある点で，喫煙者と非喫煙者については完全に隔離される生活が必要となります。

　これが困難であるとしても，喫煙空間内の備品（ソファーやカーテン）に付着した有害物質の影響を非喫煙者が受けないように，分煙については完全分煙が求められるほか，時間喫煙を避ける必要があるでしょう。

　東京都が制定した，「東京都子どもを受動喫煙から守る条例」では家庭内や子どもが同乗する自動車内での受動喫煙防止の努力義務が規定されています。

　このような規制を行うことも，必要なのかもしれません。

　しかしながら，家庭内などのプライベート空間での喫煙が規制されることになると，喫煙者はどこで喫煙すればよいのでしょうか。

3　路上喫煙の防止が活用できないか？

受動喫煙の防止は，公共施設の敷地内や飲食店等多数の人が利用する場所のみならず，路上を含めた公共空間において必要なものといえるでしょう。

受動喫煙によってたばこの煙に曝されることからの保護のためには，路上喫煙の防止も公共施設の敷地内禁煙等と同様に，受動喫煙防止の一環としての措置が講じられるべきではないでしょうか。

路上喫煙が，法律上明確に禁止されるものではなく[52]，規制されていない地域が多く存在する中で，罰則のない条例や罰則があるといっても「過料」による処分がなされることが多いことが現状です。

こうしたことからすると，喫煙者，非喫煙者双方の意識として，路上喫煙は「マナー」の問題という認識がなされている可能性もあります。

しかし，路上喫煙は，単なるマナーの問題ではなく，非喫煙者の権利を侵害し，特に歩きたばこは，周囲の危険につながる可能性もあるということを理解すべきでしょう。

ただし，路上喫煙の防止を図るためには，喫煙者の喫煙スペースを公共空間の中でも確保する必要があるのではないで

---

[52]　健康増進法の改正により，喫煙者は周囲への配慮が求められますが（同法25条の3第1項），これについての実効性確保の手段が講じられるわけではなく，本条の意味合いは，「配慮≒マナー」と考えられるでしょう。

Ⅵ　最近の法改正，条例制定は正しいのか？

しょうか。

　例えば，駅前や都市部の路上空間のほか，市役所，公民館等の公共施設，学校，福祉施設，病院等の敷地内といった健康増進法上敷地内禁煙とされている場所にも喫煙スペースを設けるべきでしょう。

　学校や病院では，健康増進法制定以降，敷地内禁煙とする場所が多く誕生してきましたが，このために，学校，病院を一歩出た路上での喫煙等が問題となることがありました[53]。

　こうした施設では，施設の利用者，学生生徒らだけではなく，周辺住民や付近の小学校幼稚園等の施設利用者等にとっても危険な路上喫煙となる可能性があります。

　現在の規制のように，「施設・敷地内」をターゲットとする受動喫煙対策だけでは，結果的に路上などでの受動喫煙を増やすことや喫煙場所がないために喫煙者によるマナー違反を助長することになりかねないといえるでしょう。

　こうしたことから，施設管理者等に対策を求める従来からの受動喫煙対策の前に，行政が路上喫煙防止対策について積極的な対策を行い，適宜喫煙場所を公共空間に設置することによって，受動喫煙を防ぐ必要があるといえるでしょう。

　そうした喫煙できる場所が設置されていれば，子どものいる家庭内での喫煙についても，公共の喫煙所を利用することで防

（53）　「禁煙か分煙か，大学モヤモヤ　禁止したら周辺で路上喫煙増」朝日新聞平成31年4月21日朝刊1面。

80

ぐことも可能となるでしょうし,様々な場所での受動喫煙のリスクを減らすことにもつながるのではないでしょうか。

横浜市で整備されている喫煙所（https://www.townnews.co.jp/0113/2016/12/15/361708.html）

横浜市での喫煙禁止地区を示す表示（2019年7月17日）

Ⅵ　最近の法改正，条例制定は正しいのか？

東京都港区で整備されている喫煙所（2019年7月16日）

4　受動喫煙のこれから

　路上喫煙による受動喫煙等の防止のため，実効性確保の手段としての罰則は，従来各地方公共団体で行われている「過料」による処分では不十分である場合もあるのではないでしょうか。

　刑事罰ではなく，行政罰としての過料を用いる背景には，煩雑な刑事裁判手続等を敬遠するものかもしれません。しかし他者の権利を侵害し，ルールを守らない人に対しては，不十分な処罰であるともいえるでしょう。

　一部の地方公共団体では，路上喫煙などの違反に刑事罰を設けている例もあります。

　行政が公共空間の中で喫煙スペースを設ける努力をしつつ，受動喫煙防止についての周知をし，そうした場所以外で受動喫煙となるような喫煙を繰り返し行うような人に対しては，刑事

4 受動喫煙のこれから

罰を科すことも検討されるべきでしょう。

　わが国では，受動喫煙を防ぐための施策は不十分なものとなっているようにも感じますが，その原因として，国，都道府県，市町村が個別に対策を講じてきた（いる）ことにも原因があるでしょう。

　そして，国が東京五輪の直前になるまで，早期の法改正を含めたリーダーシップを発揮して対策を講じてこなかったことにも原因があると思われます。

　喫煙の自由といった喫煙者側の権利も考慮した上で，段階を経て施策が講じられるべきであったでしょうが，遅すぎた取組みの結果，喫煙が禁止されているわけではないわが国で，近時急速に喫煙者の肩身が狭くなることとなっているものと思われます。

　私は，従来から受動喫煙を極力なくすべきであるし，行政はその施策を講じなければならないと主張してきました。しかし，ここでは，喫煙者に一方的に負担を強いる施策を求めることを是とはしていません。

　喫煙者の喫煙環境を確保し，周りの人に配慮できる環境を整えなければ，結果的には，喫煙者のマナー改善にも受動喫煙防止にもつながるものではないと考えています。

　そのような意味において，喫煙スペースの確保という課題は最重要課題でしょうし，この段階を経ずに，全面禁煙といった措置を講じることは，これまでの間に受動喫煙対策を講じてこ

Ⅵ 最近の法改正，条例制定は正しいのか？

なかった行政の怠慢といわれても仕方がありません。

　前にも述べたように，今日，路上喫煙の防止が求められるものと思われますが，路上喫煙の規制を行わない，実効性のない条例による規制しか設けていない地方公共団体も多くあります。

　喫煙者が周りの者へ配慮することを求め，喫煙マナー，喫煙者の認識を改めることなどが健康増進法や条例による施策として求められています。

　一方で行政は，受動喫煙対策についての正しい認識を持っているのでしょうか。

　受動喫煙対策としては，喫煙者，非喫煙者双方に配慮した施策を講じることが求められていると思われます。

　本来禁止されているわけではない喫煙を規制し，喫煙者に周囲への配慮を求める以上は，一方的に喫煙者を排除するというような方法ではなく，喫煙者による周囲への配慮が可能な環境を整備するのが行政の務めといえるでしょう。

　行政には，それを肝に銘じた上で，目先の東京五輪だけではなく，わが国の将来を考えた対応を期待しています。

【資料】改正健康増進法における規定の内容および条文

規定の内容については，（https://www.mhlw.go.jp/stf/seisakunitsuite/bunya/0000189195.html）によります。

健康増進法の一部を改正する法律（平成30年法律第78号）概要

改正の趣旨

望まない受動喫煙の防止を図るため，多数の者が利用する施設等の区分に応じ，当該施設等の一定の場所を除き喫煙を禁止するとともに，当該施設等の管理について権原を有する者が講ずべき措置等について定める。

【基本的な考え方 第1】「望まない受動喫煙」をなくす

受動喫煙が他人に与える健康影響と，喫煙者が一定程度いる現状を踏まえ，屋内において，受動喫煙にさらされることを望まないことを基本に，「望まない受動喫煙」をなくす。

【基本的な考え方 第2】受動喫煙による健康影響が大きい子ども，患者等に特に配慮

子どもなど20歳未満の者，患者等は受動喫煙による健康影響が大きいことを考慮し，こうした方々が主たる利用者となる施設や，屋外について，受動喫煙対策を一層徹底する。

【基本的な考え方 第3】施設の類型・場所ごとに対策を実施

「望まない受動喫煙」をなくすという観点から，施設の類型・場所ごとに，主たる利用者の違いや，受動喫煙が他人に与える健康影響の程度に応じ，禁煙措置や喫煙場所の特定を行うことともに，掲示の義務付けなどの対策を講ずる。その際，既存の飲食店のうち経営規模が小さい事業者が運営するものについては，事業継続に配慮し，必要な措置を講ずる。

改正の概要

1. 国及び地方公共団体の責務等

(1) 国及び地方公共団体は，望まない受動喫煙が生じないよう，受動喫煙を防止するための措置を総合的かつ効果的に推進するよう努める。

(2) 国，都道府県，市町村，多数の者が利用する施設等の管理権原者その他の関係者は，望まない受動喫煙を防止するための措置の総合的かつ効果的な推進を図るため，相互に連携を図りながら協力するよう努める。

(3) 国は，受動喫煙の防止に関する施策の策定に必要な調査研究を推進するよう努める。

Ⅵ　最近の法改正，条例制定は正しいのか？

2. 多数の者が利用する施設等における喫煙の禁止等

(1) 多数の者が利用する施設等の類型に応じて、その利用者に対して、一定の場所以外の場所における喫煙を禁止する。
(2) 都道府県知事（保健所設置市区にあっては、市長又は区長。以下同じ。）は、(1)に違反している者に対して、喫煙の中止等を命ずることができる。

【原則屋内禁煙と喫煙場所を設ける場合のルール】

	禁煙（敷地内禁煙（※1））	当分の間の措置	経過措置
A 学校・病院・児童福祉施設等、行政機関　旅客運送事業自動車・航空機	禁煙（敷地内禁煙（※1））		
B 上記以外の多数の者が利用する施設、旅客運送事業鉄道・船舶	原則屋内禁煙（喫煙専用室（喫煙のみ）での内喫煙可）	【加熱式たばこ（※2）】原則屋内兼煙（飲食等も可）（喫煙室（喫煙のみ可）内での喫煙可）	
飲食店			既存特定飲食提供施設（個人又は中小企業（資本金又は出資の総額5000万円以下（※3））かつ　客席面積100㎡以下の飲食店）での喫煙可

別に法律で定める日までの間の措置

厚生労働大臣が指定するものとして一定の条件を満たしたバーやスナック等といった喫煙を主目的とした場所を除く。

※1　屋外で受動喫煙を防止するために必要な措置がとられた場所に、喫煙場所を設置することができる。
※2　たばこのうち、当該たばこから発生した煙が他人の健康を損なうおそれが明らかでないたばことして厚生労働大臣が指定するもの。
※3　大規模会社が発行済株式の総数又は出資の総額の二分の一以上を有する会社である場合を除く。
注：公衆喫煙所とすることができる施設については、施設等の管理権原者による喫煙の場所が必要。
　喫煙をすることができる場所、たばこの対面販売（出張販売を除く）をする場所を含む。

(3) 旅館・ホテルの客室等、人の居住の用に供する場所は、(1)の適用除外とする。
(4) 喫煙をすることができる室等には20歳未満の者を立ち入らせてはならないものとする。
(5) 屋外や家庭等において喫煙をする際、望まない受動喫煙を生じさせることがないよう周囲の状況に配慮しなければならないものとする。

3. 施設等の管理権原者等の責務等

(1) 施設等の管理権原者等は、喫煙が禁止された場所に喫煙器具・設備（灰皿等）を設置してはならないものとする。
(2) 都道府県知事は、施設等の管理権原者等が(1)に違反しているとき等は、勧告、命令等を行うことができる。

4. その他

(1) 改正後の健康増進法の規定に違反した者に対して、所要の罰則規定を設ける。
(2) この法律の施行の際現に業務に従事する者を使用する者は、当該業務従事者の望まない受動喫煙を防止するため、適切な措置をとるよう努めるものとする。
(3) 法律の施行後5年を経過した場合において、改正後の規定の施行の状況について検討を加え、必要があると認めるときは、その結果に基づいて必要な措置を講ずるものとする。

施行期日

2020年4月1日（ただし、1及び2 (5)については2019年1月24日、2. Aニ重線部の施設に関する規定については2019年7月1日）

【資料】改正健康増進法における規定の内容および条文

国及び地方公共団体の責務について

1. 国及び地方公共団体は、望まない受動喫煙が生じないよう、受動喫煙を防止するための措置を総合的かつ効果的に推進するよう努める。

①周知啓発
国民や施設の管理権原者などに対し、受動喫煙による健康影響等について、国及び地方自治体がパンフレット資材の作成・配布等を通じて周知啓発を行う。

②喫煙専用室等の設置に係る予算・税制上の措置
飲食店等における中小企業の事業主等が、受動喫煙対策として一定の基準を満たす喫煙専用室等を整備する際、その費用等について助成する。
また、中小企業が経営改善設備を取得した場合の特別償却又は税額控除制度について、喫煙専用室に係る器具備品等がその対象となることを明確化する。

③屋外における分煙施設
屋外における受動喫煙対策として、自治体が行う屋外における分煙施設の整備に対し、地方財政措置による支援を行う。

2. 国、都道府県、市町村、多数の者が利用する施設等の管理権原者その他の関係者は、望まない受動喫煙が生じないよう、受動喫煙を防止するための措置の総合的かつ効果的な推進を図るため、相互に連携を図りながら協力するよう努める。

(考えられる協力の例)
○ 事業主団体等を通じた周知
飲食の機会等において患者や妊婦をはじめの受動喫煙を望まない者を喫煙可能な場所に連れて行くことがないようにするため、受動喫煙を防止する観点からの留意事項を定めて、事業主団体等を通じて、周知啓発を行う。

○ 民間の飲食店情報サイトへの協力依頼
屋内禁煙、喫煙専用室設置店、既存特定飲食提供施設等の情報を掲載し、飲食店を選択する方に広く周知する。

3. 国は、受動喫煙の防止に関する施策の策定に必要な調査研究を推進するよう努める。

○ 加熱式たばこの受動喫煙による健康影響等について、科学的知見の蓄積を行う。

Ⅵ 最近の法改正，条例制定は正しいのか？

既存特定飲食提供施設の考え方及び範囲について

<考え方>

○ 既存の飲食店（※）のうち経営規模が小さい事業者が運営するものについては，直ちに喫煙専用室等の設置を求めることが事業継続に影響を与えることが考えられることから，これに配慮し，一定の猶予措置を講ずる。

※この法律の施行後に存する，飲食店。喫茶店その他の設備を設けて客に飲食をさせる営業が行われる施設

○ その際，特例の対象が変動することがないよう配慮することが必要であることから，「経営規模」について，「売上げ」ではなく，「資本金」及び「客席面積」で判断する。

○ 資本金については，中小企業基本法における中小企業（飲食店）の定義などを踏まえ，「資本金5,000万円以下」を要件とする。

※ただし，一つの大規模会社が発行済株式の総数の二分の一以上を有する会社である場合などを除く。

○ また，「資本金5,000万円以下」の企業が運営する施設であっても，一定の客席面積を有する一定の経営規模があると考えられることから，先行事例となる神奈川県・兵庫県の条例などを踏まえ，「客席面積100m²以下」を要件とする。

○ また，「既存の飲食店」について，引き続き，法施行後に何らかの状況の変更があった場合には，「既存の飲食店」に該当するかどうかは，①事業の継続性，②経営主体の同一性，③店舗の同一性等を踏まえて総合的に判断する。

<範囲>

○ 既存特定飲食提供施設（中小企業や個人が運営する店舗であって，客席面積100m²以下のもの）として，措置の対象となる店舗は，最大で約5.5割程度と推計（※1）。

○ なお，飲食店のうち，新たに出店した店舗は，2年間で全体の約2割弱，5年間で約3割強（※2）。

経過措置の対象となりうる飲食店（※3）の割合（推計）

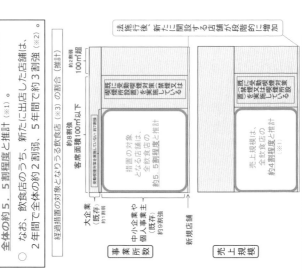

※1 平成29年度敗食店における受動喫煙防止対策実態調査報告書（東京都），平成27年度健康調査（山梨県）等の自治体調査，平成26年度環境省委嘱実態調査（愛媛県），平成26年度自治体調査，平成26年経済センサス基礎調査，平成23～26年度生活衛生関係営業経営実態調査の回答結果をもとに推定を置いて推計。
※2 平成18年事業所・企業統計調査～平成26年経済センサス基礎調査。
※3 経済センサス基礎調査における飲食店（レストラン，料理店，喫茶店，喫茶店，居酒屋等）

88

【資料】健康増進法

● **健康増進法**（抜粋）

第六章　受動喫煙防止

第一節　総則

（国及び地方公共団体の責務）

　第二十五条　国及び地方公共団体は，望まない受動喫煙が生じないよう，受動喫煙に関する知識の普及，受動喫煙の防止に関する意識の啓発，受動喫煙の防止に必要な環境の整備その他の受動喫煙を防止するための措置を総合的かつ効果的に推進するよう努めなければならない。

（関係者の協力）

　第二十五条の二　国，都道府県，市町村，多数の者が利用する施設（敷地を含む。以下この章において同じ。）の管理権原者（施設の管理について権原を有する者をいう。以下この章において同じ。）その他の関係者は，望まない受動喫煙が生じないよう，受動喫煙を防止するための措置の総合的かつ効果的な推進を図るため，相互に連携を図りながら協力するよう努めなければならない。

（喫煙をする際の配慮義務等）

　第二十五条の三　何人も，特定施設の第二十五条の五第一項に規定する喫煙禁止場所以外の場所において喫煙をする際，望まない受動喫煙を生じさせることがないよう周囲の状況に配慮しなければならない。

　2　多数の者が利用する施設の管理権原者は，喫煙をするこ

89

Ⅵ 最近の法改正，条例制定は正しいのか？

とができる場所を定めようとするときは，望まない受動喫煙を
生じさせることがない場所とするよう配慮しなければならない。

（定義）
　第二十五条の四　この章において，次の各号に掲げる用語の
意義は，当該各号に定めるところによる。
　一　たばこ　たばこ事業法（昭和五十九年法律第六十八号）第
　　二条第三号に掲げる製造たばこであって，同号に規定する
　　喫煙用に供されるもの及び同法第三十八条第二項に規定す
　　る製造たばこ代用品をいう。
　二　喫煙　人が吸入するため，たばこを燃焼させ，又は加熱
　　することにより煙（蒸気を含む。次号において同じ。）を発
　　生させることをいう。
　三　受動喫煙　人が他人の喫煙によりたばこから発生した煙
　　にさらされることをいう。
　四　特定施設　多数の者が利用する施設のうち，次に掲げる
　　ものをいう。
　　　イ　学校，病院，児童福祉施設その他の受動喫煙により
　　　　健康を損なうおそれが高い者が主として利用する施設
　　　　として政令で定めるもの
　　　ロ　国及び地方公共団体の行政機関の庁舎（行政機関が
　　　　その事務を処理するために使用する施設に限る。）
　五　特定屋外喫煙場所　特定施設の屋外の場所の一部の場所
　　のうち，当該特定施設の管理権原者によって区画され，厚
　　生労働省令で定めるところにより，喫煙をすることができ

【資料】健康増進法

る場所である旨を記載した標識の掲示その他の厚生労働省令で定める受動喫煙を防止するために必要な措置がとられた場所をいう。

六　喫煙関連研究場所　たばこに関する研究開発（喫煙を伴うものに限る。）の用に供する場所をいう。

第二節　受動喫煙を防止するための措置
（特定施設における喫煙の禁止等）

第二十五条の五　何人も，正当な理由がなくて，特定施設においては，特定屋外喫煙場所及び喫煙関連研究場所以外の場所（以下この節において「喫煙禁止場所」という。）で喫煙をしてはならない。

2　都道府県知事は，前項の規定に違反して喫煙をしている者に対し，喫煙の中止又は特定施設の喫煙禁止場所からの退出を命ずることができる。

（特定施設の管理権原者等の責務）

第二十五条の六　特定施設の管理権原者等（管理権原者及び施設の管理者をいう。以下この節において同じ。）は，当該特定施設の喫煙禁止場所に専ら喫煙の用に供させるための器具及び設備を喫煙の用に供することができる状態で設置してはならない。

2　特定施設の管理権原者等は，当該特定施設の喫煙禁止場所において，喫煙をし，又は喫煙をしようとする者に対し，喫煙の中止又は当該喫煙禁止場所からの退出を求めるよう努めなければならない。

3　前項に定めるもののほか，特定施設の管理権原者等は，

91

Ⅵ　最近の法改正，条例制定は正しいのか？

当該特定施設における受動喫煙を防止するために必要な措置を
とるよう努めなければならない。

（特定施設の管理権原者等に対する指導及び助言）
　第二十五条の七　都道府県知事は，特定施設の管理権原者等
に対し，当該特定施設における受動喫煙を防止するために必要
な指導及び助言をすることができる。

（特定施設の管理権原者等に対する勧告，命令等）
　第二十五条の八　都道府県知事は，特定施設の管理権原者等
が第二十五条の六第一項の規定に違反して器具又は設備を喫煙
の用に供することができる状態で設置しているときは，当該管
理権原者等に対し，期限を定めて，当該器具又は設備の撤去そ
の他当該器具又は設備を喫煙の用に供することができないよう
にするための措置をとるべきことを勧告することができる。
　2　都道府県知事は，前項の規定による勧告を受けた特定施
設の管理権原者等が，同項の期限内にこれに従わなかったとき
は，その旨を公表することができる。
　3　都道府県知事は，第一項の規定による勧告を受けた特定
施設の管理権原者等が，その勧告に係る措置をとらなかったと
きは，当該管理権原者等に対し，期限を定めて，その勧告に係
る措置をとるべきことを命ずることができる。

（立入検査等）
　第二十五条の九　都道府県知事は，この節の規定の施行に必
要な限度において，特定施設の管理権原者等に対し，当該特定

【資料】健康増進法

施設の喫煙禁止場所における専ら喫煙の用に供させるための器具及び設備の撤去その他の受動喫煙を防止するための措置の実施状況に関し報告をさせ，又はその職員に，特定施設に立ち入り，当該措置の実施状況若しくは帳簿，書類その他の物件を検査させ，若しくは関係者に質問させることができる。

2　前項の規定により立入検査又は質問をする職員は，その身分を示す証明書を携帯し，関係者に提示しなければならない。

3　第一項の規定による権限は，犯罪捜査のために認められたものと解釈してはならない。

（多数の者が利用する施設における受動喫煙の防止）

第二十五条の十　多数の者が利用する施設（特定施設を除く。）の管理権原者等は，当該施設を利用する者について，望まない受動喫煙を防止するために必要な措置を講ずるように努めなければならない。

（適用除外）

第二十五条の十一　次に掲げる場所については，この節の規定（第二十五条の六第三項，前条及びこの条の規定を除く。以下この条において同じ。）は，適用しない。

一　人の居住の用に供する場所

二　その他前号に掲げる場所に準ずる場所として政令で定めるもの

2　特定施設の場所に前項各号に掲げる場所に該当する場所がある場合においては，当該特定施設の場所（当該同項各号に掲げる場所に該当する場所に限る。）については，この節の規定

93

Ⅵ　最近の法改正，条例制定は正しいのか？

は，適用しない。

　3　特定施設の場所において現に運行している自動車の内部
の場所については，この節の規定は，適用しない。

（受動喫煙に関する調査研究）

　第二十五条の十二　国は，受動喫煙に関する調査研究その他
の受動喫煙の防止に関する施策の策定に必要な調査研究を推進
するよう努めなければならない。

（経過措置）

　第二十五条の十三　この章の規定に基づき政令又は厚生労働
省令を制定し，又は改廃する場合においては，それぞれ，政令
又は厚生労働省令で，その制定又は改廃に伴い合理的に必要と
判断される範囲内において，所要の経過措置（罰則に関する経
過措置を含む。）を定めることができる。

　　（中略）

　第四十条　第二十五条の八第三項の規定に基づく命令に違反
した者は，五十万円以下の過料に処する。

　第四十一条　第二十五条の五第二項の規定に基づく命令に違
反した者は，三十万円以下の過料に処する。

　第四十二条　次の各号のいずれかに該当する者は，二十万円
以下の過料に処する。

　一　第二十五条の九第一項の規定による報告をせず，若しく
　　は虚偽の報告をし，又は同項の規定による検査を拒み，妨

【資料】健康増進法

げ，若しくは忌避し，若しくは同項の規定による質問に対して答弁をせず，若しくは虚偽の答弁をした者

〈著者紹介〉

村中 洋介（むらなか ようすけ）

　1987年生まれ。2014年，博士（法学）。同年首都大学東京法科大学院助教。電力中央研究所主任研究員を経て，2019年より静岡文化芸術大学専任講師。

　地方自治の研究を中心に行っている。近時の著作に『新・基本行政法』（共著，有信堂，2016年），『ロードマップ法学』（共著，一学舎，2016年），『判例で学ぶ日本国憲法〔第2版〕』（共著，有信堂，2016年），「大川小学校津波訴訟控訴審判決」自治研究95巻7号（2019年），「近時の原発訴訟と司法審査」行政法研究29号（2019年），「災害時の学校・避難場所としての責務：野蒜小学校津波訴訟」自治体学32巻1号（2018年），「災害と国家賠償──津波警報の適法性と地方公共団体による避難誘導（行政の責務）」行政法研究16号（2017年）など。

　受動喫煙関係について，「路上喫煙防止条例による規制──横浜市路上喫煙訴訟を事例として」近畿大学法学62巻3・4号（2015年），「受動喫煙防止条例と喫煙権（喫煙の自由），嫌煙権──兵庫県受動喫煙防止条例を事例として」法政論叢50巻1号（2013年）。

たばこは悪者か？
ど〜する？ 受動喫煙対策

2019（令和元）年8月20日　第1版第1刷発行

ⓒ著　者　村　中　洋　介
発行者　今井　貴・稲葉文子
発行所　株式会社 信　山　社
〒113-0033　東京都文京区本郷 6-2-9-102
Tel 03-3818-1019　Fax 03-3818-0344
笠間才木支店　〒309-1611 茨城県笠間市笠間 515-3
Tel 0296-71-9081　Fax 0296-71-9082
笠間来栖支店　〒309-1625 茨城県笠間市来栖 2345-1
Tel 0296-71-0215　Fax 0296-72-5410
出版契約 No.2019-8147-01011

Printed in Japan, 2019 印刷・製本 ワイズ書籍M／渋谷文泉閣
ISBN978-4-7972-8147-7 C3332 ¥1000E 分類 321.000
p.104 8147-01011：012-018-002

JCOPY （社）出版者著作権管理機構 委託出版物
本書の無断複写は著作権法上での例外を除き禁じられています。複写される場合は，そのつど事前に，（社）出版者著作権管理機構（電話03-3513-6969，FAX03-3513-6979，e-mail: info@jcopy.or.jp）の許諾を得てください。

井上達夫 責任編集
法と哲学 第5号

【主な内容】

井上達夫 〖巻頭言〗虚偽が真理に勝つのか？〔続篇〕─国民投票を糾弾する「民主主義者」たちの知的倒錯

特集 タバコ吸ってもいいですか？
喫煙規制と自由の相剋

奥田太郎 1 喫煙規制強化に関する倫理学的考察─禁煙の自由を擁護する
  I 喫煙規制の現状
  II 喫煙規制強化の倫理的正当性
  III 喫煙規制強化に隠された倫理的問題

後藤 励 2 医療経済学の立場から見た喫煙行動と喫煙対策
  I ニコチン依存に対する医学的な見方
  II 経済学から見たアディクション
  III アディクションの経済理論と喫煙対策

亀本 洋 3 ある喫煙者の反省文
  I 喫煙の自由から病気へ
  II 嫌煙権訴訟
  III 危害原理と権利
  IV 公衆衛生の立場
  V 喫煙をめぐる社会情勢の変化
  VI 喫煙者の現在

【一般論説】

小川 亮 1 どこまでも主観的な解釈の方法論─規則のパラドックス・暴露論法・説明主義論証
宋 偉男 2 擬装から公民へ─ホッブズ主権論における遵法的良心の生成

【書 評】

安藤 馨 1 分析的政治哲学の行方─井上彰『正義・平等・責任』を評して（岩波書店、2017年）
小林 公 2 形相・質料・関係─山内志朗教授の書評への返答として
瀧川裕英 3 地球共和国とその実現可能性について─宇野重規氏への応答

東京五輪を前に特集として喫煙を取り上げ（「タバコ吸ってもいいですか？」）、哲学的見地から「喫煙規制と自由の相剋」を、3人の論者が考究（奥田、後藤、亀本）。井上の巻頭言は、国民投票について考える「虚偽が真実に勝つのか？〔続篇〕」。一般論説（小川、宋）2編と、書評＋応答的書評の3編（安藤、小林、瀧川）も益々充実。法と哲学のシナジーによる〈面白き学知〉の創発を目指す。

―――――― 信山社 ――――――